돈이 되는 글쓰기

돈이 되는 글쓰기

초판 1쇄 발행 2024년 4월 1일
지은이 조자룡
펴낸이 김승현

펴낸곳 도서출판 작은우주
주소 서울특별시 마포구 양화로 73, 6층 MS-8호
전화 031-318-5286
팩스 0303-3445-0808
이메일 book-agit@naver.com
등록 2014년 7월 15일(제2019-000049호)
ISBN 979-11-87310-83-9 03320

북아지트는 작은우주의 성인단행본 브랜드입니다.

평범한 사람도 연봉 2배로 만드는 글쓰기 비법

돈이 되는_____

글쓰기

BOOK
AGIT

글쓰기가 미래 30년을 책임진다.

필자는 조자룡이다. 운명인지 우연인지 20살부터 중국 하얼빈에서 유학했다. 중국어는 마치 하늘에서 내려온 동아줄 같았고, 노력한 만큼 실력이 일취월장했다. 게임보다 재밌었다. 그렇게 나는 중국어에 미쳤다. 유학 기간 4년 동안 수백 권의 원서를 읽었다. 거의 매주 서점을 방문했다. 내 세상에는 온통 중국어밖에 없었고 평생 하고 싶었다.

대학교 선생님은 내 중국어 실력을 인정해 주시고, 대학원 진학을 추천했다. 네이버에서 "우리나라에서 가장 중국어 잘하는 사람이 가는 학교" 이런 식으로 검색했다. 그러자 '한국외대 통번역대학원'이 나타났다. 그때부터 대한민국에서 중국어를 제일 잘하는 사람이 되겠다고 다짐하고 1년간 끈질기게 공부한 끝에 대학원에 진학했고, 내 삶은 순조롭게 나아갔다.

그러나 2016년 사드 설치 문제로 한국과 중국의 관계도 악화하였다. 비즈니스 관점에서 큰 타격이었다. 곧 '한한령(限 韓)'이라는 한국을 제한하는 조치가 생겼기 때문이다. 최전선에서 일하는 사람은 누구나 피부로 느낄 만큼 상황이 열악했다. 그러다 코로나가 터지면서, 내가 몸담은 중국 회사도 문을 닫았다. 당시에 나는 중국어와 중국 비즈니스에 몸을 기대는 게, 얼마나 불안한 일인지 고민하게 되었다. 일련의 과정을 거치면서 어학 능력도 주식처럼 가치 등락이 있다는 사실을 뼈저리게 깨달았다.

통번역대학원에는 영어, 스페인어, 독일어, 아랍어, 중국어, 영어, 러시아어, 프랑스어 총 8개 언어가 있다. 여러분에게 물어보겠다. 이 언어들을 배웠을 때 생기는 부가가치는 같다고 생각하는가? 절대 같지 않다. 영어를 배운 사람과 아랍어를 배운 사람이 있다면, 영어 쪽이 더 많은 가치를 누릴 수 있다. 영어 시장이 훨씬 크기 때문이다. 그렇다면 영어와 아랍어를 배우는 데 들이는 노력은 어떨까? 거의 비슷하거나 오히려 아랍어가 더 많이 들 수 있다. 아랍어가 가뜩이나 배우기는 힘든데, 마스터하고 나서 가져

갈 수 있는 이득은 훨씬 적다는 의미다. 나도 당연히 이점을 일찌 감치 머릿속으로 이해하고 있었지만, 직접 체감하고 확연히 깨닫 게 되었다.

영어는 세계 공용어로 특정 국가와 분쟁이 생겨도 가치가 훼 손되지 않는다. 하지만 중국어는 달랐다. 한중 분쟁이 생길 때마 다 가치가 갑자기 하락한다. 이런 상황을 수시로 경험하면서, 가 치 보존이 되는 능력이 필요하다는 결론을 내렸다. 그렇다면 무 엇을 제대로 익혀야 할까? 오랜 고민 끝에 내린 결론은 '글쓰기' 였다. 이러한 선택에는 여러 가지 근거가 있다.

첫째, 글쓰기는 지식을 '생산'하는 기술이다. 요즘에는 재미있 는 게 너무 많다. 유튜브, 넷플릭스를 평생 봐도 다 보지 못한다. 그런데 남들의 콘텐츠나 지식을 소비만 해서는 인생에 아무런 변 화가 일어나지 않는다. 글쓰기는 사뭇 다르다. 나만의 콘텐츠나 지식을 만들 수 있는 최고의 수단이다.

둘째, 내가 줄곧 쌓은 언어 학습 비법을 글쓰기로 자연스럽게, 이전할 수 있을 거라는 믿음 덕분이었다. 실제로 유학 4년 동안 치열했던 외국어 학습 경험과 대학원 때 배운 기술이 모두 글쓰 기에 스며들었다.

셋째, 글쓰기는 인간이라면 누구에게나 필요한 역량이다. 남녀노소를 가리지 않는다. 국경도 초월한다. 평범한 직장인이든 CEO든지 전부 마찬가지다. 단지 정도의 차이만 있을 뿐이다. 그래서 내가 확실하게 익힌다면, 남들을 더 많이 도울 수 있을 거라 확신했다.

넷째, 지금 같은 SNS 시대에 글쓰기의 가치는 날로 높아지고 있다. 옛날에는 글을 쓰는 사람과 듣는 사람이 극명하게 나뉘어 있었다. 리더 빼고 다들 가만히 듣기만 해도 그만이니까. 이제는 다르다. 누구나 자신의 역량을 어필할 수 있어야 한다. 최고의 기술은 여전히 글쓰기다.

혹자는 이렇게 말한다. 챗GPT가 양질의 글을 대신 써줄 텐데, 왜 굳이 글쓰기를 배워야 하나요? 착각이다. 우선 글쓰기는 지능을 높이는 최고의 도구다. 시면에 드러나서나 외부로 표현되기 전까지 생각은 그저 가능성에 불과하다. 글을 쓰면 실타래 같던 생각이 정리되고, 진정한 의미의 소통이 가능해진다. 더 똑똑하게 되며 생각의 윤활유가 되는 게 글쓰기다. 나는 이렇게 글쓰기가 왜 중요한지에 대한 생각을 충분히 가다듬었다.

그리고 2021년 말부터 폐관 수련에 들어갔다. 이때부터 많은 글을 집중적으로 작성했다. 단순히 반복해서 쓰기만 한 게 아니라, 글쓰기 역량을 체계적으로 높이기 위해서, 글쓰기 관련 도서만 40권 넘게 읽었다. 시중에 쓸만한 온라인 강좌를 여러 편 보면서, 하나라도 놓치기 싫어서 학습에 박차를 가했다. 핵심은 흡수하고 지엽적인 부분은 쳐내면서 핵심을 도출했고, 내 글에 적용했다. 그렇게 1년을 열심히 노력한 끝에, 완전히 새로운 분야에서 글쓰기 역량을 인정받아 연봉이 단기간에 2배가 올랐다. 15년 동안 써온 중국어에 전혀 의존하지 않고 세운 새로운 이정표였다.

이 과정에서 글쓰기에 대한 부담이 확 낮아졌다. 글쓰기 원칙을 완전히 익혔더니 글쓰기에 대한 어려움이 없어졌다. 그리고 '돈이 되는 글쓰기'를 할 수 있는 역량도 생겼다. 나는 지금 마케팅 업무를 하고 있다. 마케팅의 마지막 방점은 클라이언트를 돈 벌게 해주는 것이다. 모든 건 글쓰기에서 시작하는데, 고객이 구매를 일으키게 하는 메시지가 핵심이다. 이 외에도 글쓰기 코치로 사람들을 돕고 있다. 얼마 전에는 50명 인원과 함께 글쓰기 챌린지를 진행했다. 이 과정에서 사람들을 더 섬세하게 도울 수 있었다. 내가 배운 내용을 적용해서 조금씩 발전하는 사람들을 보면서 큰 보람을 느꼈다.

돈이 되는 글쓰기

그렇다면 글쓰기에서 가장 중요한 원칙은 무엇인가? 짧고 쉽게 쓰기? 이것도 물론 맞다. 하지만 내가 가장 중요하게 생각하는 건 글쓰기 프로세스를 명확하게 아는 것이다. 주제 선정 → 자료 수집 → 글 디자인 → 집필 → 퇴고. 나는 이를 마법의 5단계라고 부른다. 어떠한 글도 이 프로세스에서 벗어나지 않음을 확신하면서 글쓰기가 쉬워졌다. 각 단계를 따라가면 글이 저절로 나왔기 때문이다.

자기만족을 위한 글쓰기가 아닌, 재화를 창출하기 위한 글쓰기는 다른 사람의 마음을 움직일 수 있어야 한다. 단순하게 생각을 늘어놓는 것만으로는 부족하다. 글을 읽고 다른 사람이 행동하게끔 만들어야 한다. 나는 심리학과 자기계발 도서를 꾸준히 보면서 심리를 파악하는 훈련을 했다. 그 결과 그런 기법들을 글에도 녹여낼 수 있게 되었다.

내가 작성한 상세 페이지로 사람들이 상품을 구매하는 것을 볼 때마다, 글쓰기의 힘을 느끼고 있다. 그렇다면 마법과도 같은 글쓰기를 배우면 반드시 성공할 수 있을까? 성공은 복합적이다. 단순히 몇 가지 개별 요소로만 이뤄지지 않는다. 글쓰기만 가지고 큰 성공은 힘들 수 있다. 하지만 글쓰기를 하면 지능이 전반적으로 개선되고, 타인을 돕는 역량이 강화된다. 승리에도 공식이 있다면, 글쓰기가 최우선 과제다.

마지막으로 글쓰기를 잘하면, 미래 30년이 보장된다. 나와 함께 글쓰기 챌린지를 한 분 중에 50세 이상 되는 분들이 있다. 직장에서 20년 넘게 일을 하다가 퇴직했다. 대한민국 평균 수명이 82세다. 보통 50세부터 퇴직하는데, 그럼 남은 30년은 무엇을 할 것인가? 자영업? 막대한 위험을 감당할 자신이 있는가? 퇴직금만 까먹지 않으면 다행이다. 사실, 지식 창업만큼 위험부담이 적은 일은 거의 없다. 글쓰기만 자신이 있어도 시작할 수 있다. 그런데 50대 퇴직할 때쯤 지식 창업을 하려고 하면 조금 아쉬운 면이 있다.

다른 사람들과 격차도 벌어져 있고, 갑자기 자신의 특장점을 알리는데 시간이 부족하다. 글쓰기 역량을 갖추고 마케팅 마인드가 있다면, 직장에 있을 때부터 차근차근 제2의 전성기를 준비할 수 있다. 글쓰기를 체계적으로 익히고, 다른 기술과 결합하면 블로그, 인스타, 유튜브 등 다양한 채널로 확장할 수 있다.

이 책에는 글을 잘 쓰기 위한 가장 확실한 방법을 제시했다. 글쓰기에 전혀 자신이 없는 평범한 사람도 시작할 수 있으니 지금 당장 시작해 보자.

들어가며 · 4

1장 평범한 사람이 돈이 되는 글쓰기를 배워야 하는 이유

왜 당신에게 돈이 되는 글쓰기가 필요할까? · 16

인생은 생산하는 사람이 모든 걸 독차지하는 게임이다 · 22

글쓰기를 하면 메타인지가 올라간다 · 28

관심과 신뢰라는 희귀 자원을 차지하는 사람이 자본주의에서 승리한다 · 33

말만 할 수 있다면 누구나 글을 잘 쓸 수 있다 · 41

생각이 없어서 글을 못 쓰는 건가? 글을 안 써서 생각이 없는 건가? · 47

특별한 경험이 부족해도 글을 잘 쓰는 법 · 51

마감 시간 내에 정해진 분량만 채우면 일단 합격! · 58

2장 글이 쉽게 써지는 마법의 프로세스 5단계

글은 칭찬을 통해서 성장한다 · 64

좋은 사람이 좋은 글을 쓴다 · 71

정보와 지식을 아낌없이 퍼줘라 · 77

글쓰기는 자료 수집이 80%이다 · 84

독서는 글쓰기의 시작이고, 글쓰기는 독서의 완성이다 · 90

글쓰기가 쉬워지는 마법의 5단계 프로세스 · 95

메시지의 질을 유지한 채, 중학생도 이해할 수 있게 간결하게 써라 · 102

보기 좋은 글이 읽기도 좋다 · 109

3장 글쓰기 부담감을 제로로 만드는 방법

레고 블록처럼 손에 잡히는 것부터 써라 · 116

핵심을 집요할 정도로 반복하라 · 121

초고는 토하듯이 써 내려가라 · 127

초고는 원석, 퇴고는 원석을 다듬어서 다이아몬드로 만드는 과정이다 · 133

스티브 잡스처럼 군더더기를 삭제하라 · 139

피드백을 듣고 어떻게든 고치면 글은 더욱 좋아진다 · 144

제목으로 3초 안에 독자의 마음을 사로잡아라 · 151

글은 공개를 원칙으로 하라 · 157

4장 글쓰기는 무한대로 쓸 수 있는 최고의 무기

글은 인격을 반영하지만, 인격 그 자체는 아니다 · 162

돈이 되는 글쓰기에는 횟수 제한이 없다 · 168

글쓰기의 핵심 무기인 어휘력을 키우자 · 173

'~인 것 같다.'의 저주에서 벗어나라 · 179

문제를 해결하는 이타적인 글쓰기를 하자 · 184

하나의 분야를 잘게 쪼개서 진입하라 · 189

상대방 머릿속에 글이 상상되게 써라! · 196

슬럼프 탈출을 위한 페르소나 글쓰기 · 203

5장 글쓰기가 당신의 미래 30년을 책임진다

가장 먼저 만족시켜야 할 사람은 자신이다 · 210

글쓰기는 모든 콘텐츠로 확장되는 코어 기술이다 · 216

글쓰기가 당신의 미래 30년을 책임진다 · 222

글쓰기는 문해력을 기하급수적으로 올려준다 · 230

글쓰기로 천천히 몰입하기의 힘 · 236

작가의 벽에 부딪혔다면, 모든 매뉴얼을 잊어버려라 · 242

평생 즐기면서 글을 꾸준히 쓰는 법 · 248

반드시 성공하는 글쓰기 철칙을 무의식에 새겨 넣자! · 254

1장

평범한 사람이 돈이 되는
글쓰기를 배워야 하는 이유

왜 당신에게 돈이 되는
글쓰기가 필요할까?

당신이 지금 어떠한 상황과 조건에 처해있더라도 돈이 되는 글쓰기는 필요하다. 우리는 대학교에 다니며 4년 동안 전공을 갖는다. 생애 처음으로 '전문 분야'가 생긴다. 하지만 평생 전공대로 사는 경우는 매우 드물다. 15~29세 청년 취업자 약 50%는 전공과 크게 관련 없는 일자리를 찾는다. 절반은 첫 직장부터 전공과 무관한 삶을 산다. 그러니 현실을 냉정하게 바라볼 때, '전공'만 집착하는 건 개인의 발전에 도움 되지 않는다. 직장이나 사회생활 전반에 통하는 필수 능력을 빠르게 습득하는 게 더 유리하다.

돈이 되는 글쓰기

운이 좋게 한 가지 전공만 발휘하며 살 수도 있다. 하지만 외부 환경은 시시각각 변하고 있고, 새로운 능력이 필요한 순간이 온다. 나는 20살 때부터 중국어를 전공했고 오랜 기간 중국어 통번역사로 일을 했다. 중국은 개혁개방이 시작된 1978년부터 내가 유학을 시작한 2006년까지 GDP 연간 평균 성장률이 9.7%였다. 같은 시기에 세계 평균 성장치는 3.3%에 불과했다. 중국은 세계 평균 3배에 가까운 폭발적인 속도로 성장하고 있었다.

필자가 유학을 시작한 2006년에 '중국어'는 매우 합당한 투자처였다. 양국 교류가 활발했고 수많은 한국 연예인이 중국에 진출했다. 중국에서 양말만 팔아도 14억 개를 판다는 전설도 있지 않은가? 장밋빛 전망이 가득했다. 그러나 내가 통번역대학원을 졸업하고 2016년부터 양국에 심상치 않은 기류가 감지되었다.

한국에서 사드를 설치했고, 중국은 그에 따른 보복으로 한한령을 내렸다. 양국 비즈니스는 크게 움츠러들었다. 중국에서 한국 연예인을 보기 힘들어졌다. 이미 방송을 출연한 상황이면 모자이크 처리를 하거나 통편집이 되었다.

필자는 2018년에 중국계 회사인 롱젠엔터테인먼트에 스카우트되었다. 아직 한한령이 풀리지 않은 상황에 중국에서 야심 차

게 투자해서, 한국에 엔터테인먼트 회사를 차린 것이다. 대단한 용단이었다. 2018년에 디지털 앨범을 발매했고, 2019년 12월에는 미니 앨범도 제작했다. 전 세계 투어 콘서트도 기획하고 있었다. 그러다 2019년 12월 같은 시기에 코로나가 터졌다. 기획했던 모든 행사가 줄줄이 취소되었다. 중국 회사는 모든 업무를 축소하더니 결국 한국을 떠났다.

중국에 대한 정서도 날이 갈수록 악화하여, 중국을 가장 싫어하는 나라에 한국이 압도적인 1등이라는 기사를 본 적도 있다. 내 주변에도 중국을 좋아하는 사람보다 싫어하는 사람이 점점 늘어갔다. 중국에 대한 평가가 180도 달라져 있었다. 중국을 욕하는 빈도와 강도도 강해졌다. 외부 환경이 지속해서 악화하면서, 중국어의 가치는 크게 하락했다. 나에게는 중국어보다 활용 범위가 넓고, 외부 환경에 영향을 덜 받는 능력이 필요했다. 내가 찾은 해답은 글쓰기였다.

중국어 통번역사가 아닌 완전히 새로운 분야에 뛰어들고 싶었다. 그래서 그동안 관심만 가득했던 멘탈/심리 분야에 도전했다. 국내 최고 수준의 멘탈리스트와 일을 하게 되었다. 중국어를 전혀 쓰지 않는 일은 이번이 처음이었다. 하지만 1년 만에 능력을 인정받아 연봉이 2배 오르게 되었다. 비결은 글쓰기였다.

돈이 되는 글쓰기

회사에서 평범한 사람이 몸값을 올리는 가장 쉬운 방법은, 자기 아이디어를 성과로 만드는 것이다. 자기 생각을 타인에게 일목요연하게 전달하려면 글쓰기 능력은 필수적이다. 천지를 개벽할 아이디어가 있더라도, 남들에게 효과적으로 전달할 수 없다면 무용지물이다. 나는 글쓰기에 답이 있다고 생각하고, 1년 동안 주어진 일을 2배 이상 해내려고 했다. 2022년 9월부터 2023년 6월까지는 집중적으로 글을 쓰고 콘텐츠를 만드는 기간을 가졌다.

최소 1,500자 이상 글을 매주 약 5편 작성했다. 누적된 글만 172편이 넘었다. 콘텐츠를 제작하기 위해 읽은 책만 최소 100권이 넘었다. 글쓰기 관련 책을 40권 넘게 읽고 나만의 글쓰기 체계를 구축했고, 훈련으로 임계점을 돌파했다. 내가 일을 하며 글쓰기를 실천하는 중에 종합한 모든 비법을 이 책에 실었다. 평범한 사람이라면 반드시 돈이 되는 글쓰기를 배우고 실천해야 한다. 글을 잘 쓰면 몸값이 저절로 올라간다.

그렇다면 무슨 글을 써야 할까? 세상에는 다양한 종류의 글이 있다. 일기를 쓰면서 억압된 감정을 해소할 수 있고, 블로그에 일상을 쓰면 추억을 남길 수 있다. 모든 글쓰기에는 장점이 있지만, 우선 '돈이 되는 글쓰기'부터 제대로 익히기를 강력하게 추천한다.

　돈이 되는 글을 쓰게 되면, 경제적 풍요로움을 맛볼 수 있고 동기부여가 되어서 글쓰기를 의욕적으로 지속할 수 있다. 보수를 받는 프로가 무료 봉사하는 아마추어보다 실력이 탁월하다. 자신의 글로 재화를 창출할 때 글쓰기 실력이 빠르게 향상된다. 자신의 지식으로 타인에게 도움을 주기 위해서 모든 잠재력을 끌어내기 때문이다.

　전문지식을 탄탄하게 익히고, 그것을 타인이 이해할 수 있게 제공할 때 성공 기회는 봇물 터지듯 쏟아진다. 자신의 몸값을 올릴 수 있는 글을 쓰고 플랫폼에 노출하면, 양질의 기회가 머지않아 당신 곁을 찾아올 것이다.

　돈이 되는 글쓰기를 더 깊게 이해하기 위해서 '돈'이 어디서 나오는지 정확히 알아야 한다. 돈은 사람의 문제를 해결할 수 있는 아이디어로부터 나온다. 타인의 문제를 해결할 수 있는 생각을 바탕으로 실천하면, 돈의 물줄기가 당신 쪽을 향한다. 그러기 위해 다른 사람이 여러분을 '전문가'로 인지해야 한다.

　아무리 좋은 대학 나오고, 전문지식을 갖췄다고 할지라도 남에게 설명한 적이 없다면 당신이 전문가임을 누구도 알 수 없다.

말과 글로 표현할 수 있는 것만이 진짜 '지식'이다. 지식을 머 릿속에 산처럼 쌓는 게 중요한 게 아니라, 그것을 적극적으로 글로 써야 한다.

인생은 생산하는 사람이
모든 걸 독차지하는 게임이다

당신의 삶은 소비 중심인가? 생산중심인가? 소비하는 사람은 시간과 돈을 들여가며 남들이 만든 상품, 서비스, 콘텐츠를 이용한다. 이러면 삶의 흐름이 마이너스로 갈 수밖에 없다. 아무것도 생산하지 않으니, 세상의 변화에 수동적으로 끌려가게 된다. 개인 탓만 할 수 없는 게, 사람들을 평생 소비하며 적당한 수준에 머물게 만드는 거대한 환경이 존재한다.

조사에 따르면, 로그인 상태로 이용하는 유튜브 사용자가 한 달 20억 명이 넘는다. 채널 숫자는 3,100만 개에 달한다. 매분 당 유튜브에 업로드되는 콘텐츠는 500시간에 이른다. 전 세계 사람들이 유튜브를 과하게 소비하고 있다. 한국은 아마 평균적으로 더 많이 소비할 것이다. 한국은 성인 95%가 스마트폰을 갖고 있고 유행에 상당히 민감하다. 미국은 81%, 일본은 66%만이 스마트폰을 가지고 있다고 한다. 스마트폰 보급률이 높다는 건 한국이 IT 강국으로서 지위를 견고히 다지고, 미래 패권을 쥘 기회이기도 하지만, 한편으로는 심각한 콘텐츠 중독을 불러올 수 있다.

남이 만든 콘텐츠를 소비만 하면, 인생이 점점 척박해진다. 인간은 자발적으로 행동해서 외부 세계에 변화를 줄 때 행복감을 느끼기 때문이다. 아이들을 보면, 장난감을 가지고 놀기 좋아한다. 자신들만의 동화 세상을 만들어 가는 과정에 심취한다. 이렇듯 인간은 외부 환경에 영향을 주고 싶어 한다. 그런데 많은 성인이 수동적으로 이끌려 가기를 선택한다. 남들이 떠먹여 주는 콘텐츠에 뇌가 절여져 살게 된다.

1950년 캐나다 맥길 대학(McGill University) 심리학자 제임스 올즈(James Olds)와 피터 밀너(Peter Miner)는 한 가지 실험을 한다. 쥐의 뇌에 전기 막대기를 꽂고, 쥐가 스위치를 누르면 전류가 흘러서 보상 회로를 자극하게 했다. 쥐가 보상 회로를 직접 통제할 수 있게 된 것이다. 실험 결과, 쥐들은 더 이상 음식이나 물도 마시지 않았다. 온종일 스위치만 눌렀다. 어떤 쥐는 1시간에 7,000번이나 클릭했다. 심지어 새끼를 낳은 암컷 쥐는 갓 태어난 새끼들을 돌보지도 않았다. 쥐의 처지가 불쌍한가? 그렇다면 우리의 상황은 얼마나 다른가? 나는 나를 포함해서 지하철에서 스마트폰을 하염없이 바라보는 군중을 볼 때마다, 이 쥐와 똑같은 상황에 부닥친 건 같은 오싹함을 느끼곤 한다.

당신의 손에는 끝없이 도파민을 자극하는 마법의 도구가 있다. 스마트폰이다. 무한 스크롤은 인간의 뇌를 수시로 자극하고, 화려한 글과 영상은 강한 자극을 선사한다. 자극의 역치도 점점 높아진다. 자기 것을 '만드는' 수고스러움을 견디기보다, 남들이 만든 것은 소비하는 편리함을 즐긴다. 더 심각한 건, 우리가 의식적으로 무엇을 소비할지 고민하지 않으면, 엽기적인 이야기마저 믿어버릴 수 있다는 것이다.

유튜브 알고리즘은 우리를 어디로 이끌고 있을까? 최근 들어서 지구가 평평하다고 주장하는 사람들이 늘어났다. 초등학교만 졸업한 사람도 지구가 둥글다는 사실을 알고 있다. 그런데 왜 지구 '평평설'을 주장하는 사람이 역주행하고 있을까?

텍사스 테크대학교의 에슐리 랜드럼 교수는 2017년 평평한 지구 국제 콘퍼런스(FEIC)에 직접 찾아가 지구가 평평하다고 믿는 사람들 30명을 인터뷰한다. 재밌는 사실은 29명이 유튜브를 통해서 지구가 평평하다고 믿게 되었고, 딱 1명만 유튜브가 아닌 딸과 사위를 통해 지구 '평평설'을 알게 되었다고 언급했다. 나중에 알고 보니 딸과 사위도 유튜브를 보고 지구 '평평설'을 접했기에, 사실 30명 모두가 직간접적으로 유튜브에 영향을 받은 것이다.

인생을 주도적으로 살기 위해서는, 남이 만든 콘텐츠에 함몰되어서는 안 된다. 자기 생각을 글로 표현할 수 있어야 하며 주변과 세상에 영향을 미쳐야 한다. 인생은 생산하는 사람이 모든 걸 독차지하는 게임이다. 사람은 크게 생산자와 소비자로 나눌 수 있다. 돈이 되는 글쓰기를 하면 생산자 대열에 합류하게 된다. 이 세상은 상품, 서비스, 콘텐츠 등 무엇이든 가치 있는 것을 생산하는 사람이 승리하게끔 설계되어 있다. "오징어 게임"을 만든 감독은 생산자이고, 넷플릭스 드라마를 시청하는 사람은 소비자다. 10만 유튜버는 생산자이고, 구독자는 소비자이다.

생산자는 지식을 기반으로 콘텐츠를 생산하면서, 타인의 돈과 시간 그리고 에너지를 무한정 흡수한다. 시간의 흐름 속에서 날로 막강해진다. 반면에 소비자는 아무 경각심이 없다. 본인의 귀한 자원을 공중에 허비해 버린다. 소중한 세월이 흘러가고 있다는 자각도 부족하다. 생산자는 소비자에게 획득한 자원을 바탕으로, 더 나은 생산물을 제작하고 팔면서 강해진다. 소비자는 빈약한 자원마저 몽땅 털려서 궁핍해진다. 빈익빈 부익부가 일어난다.

생산자들은 '소비'도 훨씬 효율적으로 한다. 미국 국립 훈련 연구소에서 사람들이 다양한 학습법으로 정보를 배웠을 때, 얼마나 기억했는지에 대한 연구를 진행했다. 듣기와 읽기만 했을 때는 각각 5%와 10%만 기억에 남았고, 타인에게 가르쳤을 때 90%의 정보가 머릿속에 저장되었다. 다시 말해, 지식을 익히기만 하는 소비자의 학습 효율은 매우 떨어졌고, 지식을 재생산하는 생산자는 더욱 똑똑해졌다.

평범한 사람이 돈이 되는 글쓰기를 하면, 양질의 콘텐츠를 만들라는 명령을 두뇌에 내리게 된다. 무의식중에도 두뇌 생산 공장은 활성화되어 있다. 주변 모든 게 아이디어이자 기회로 보인다. 무관해 보이는 것들 사이의 연결고리를 알아채고, 독창적인 생각이 뿜어져 나온다. 반면에 소비하는 사람의 뇌 공장은 모든 스위치가 꺼져 있다. 플러그까지 뽑힌 상태다. 폐공장처럼 비활성화 상태라서 무엇을 봐도 감흥이 없다. 지식의 연결과 융합이 일어나지 않는다.

잠든 뇌의 스위치를 딸깍 켜고, 승리하는 생산자로 살기 위해서 반드시 익혀야 하는 도구가 글쓰기다. 글쓰기는 고차원적인 지적 행위다. 글을 쓰려고 하면, 뇌에 있는 지식이 다채롭게 결합한다. 글 쓰기를 익히면, 뇌 공장이 활발하게 움직이고, 소비하는 모든 게 새로운 창작물로 탄생한다.

여러분의 지식을 콘텐츠로 변형시켜서 사람들에게 널리 알려라! 타인에게 충분히 도움 되는 콘텐츠를 만들었다면, 그에 걸맞은 인정과 대가를 받을 수 있다. 평범한 사람이 연봉 2배를 뛰어넘어 자본주의 세계의 승리자가 되고 싶다면 지금 당장 생산자로 살아가자. 인생은 생산자가 이기는 게임이다. 오늘 당장 돈이 되는 글쓰기를 하자.

글쓰기를 하면
메타인지가 올라간다

2010년 EBS에서 전국 60만 명 고등학생 중 상위 0.1% 800명 우등생과 나머지 학생 간에 어떤 차이가 있는지 연구했다. IQ, 기억력, 부모님 학력, 소득 등 다양한 기준으로 비교해 봐도 유의미한 차이는 없었다. 유일한 차이는 메타인지였다. 메타인지란 무엇인가? 내가 알고 있는 것과 모르는 것이 무엇인지 파악하는 능력이다. 메타인지는 성공의 핵심 요소다. 그렇다면 메타인지를 어떻게 확인할까? 예를 들어, 전체 학생에게 영어 단어 50개를 시험 보게 했다. 상위 0.1%는 자신들이 몇 개를 맞췄고 틀렸는지 정확히 예측했다. 반면에 성적이 떨

28

어지는 학생들은 예측이 번번이 틀렸고 오차도 컸다. 상위권은 무엇을 모르는지 알고 있어 효율적으로 학습했고, 약점을 빠르게 보완해 나갔다. 하위권 학생들은 알거나 모르는 게 무엇인지 모르니, 개선을 위해서 어디서부터 시작해야 할지 감도 잡을 수 없었다.

결국 무엇을 아는지 모르는지 정확히 구분해 낼 수 있는 메타인지가 성적을 좌우했다. 그렇다면 메타인지를 높이는 구체적인 방법은 무엇일까? 이에 관해 추가 연구를 했더니, 상위 0.1% 학생들은 '남들에게 최대한 자주 설명'하는 특징이 있었다. 주변 사람한테 지식을 설명하면서 진짜 아는 지식과 아는 것 같은 착각이 드는 지식을 구분해 낼 수 있었다. 사람은 무언가를 듣거나 배우면, 마치 자신이 아는 것 같은 착각에 빠진다. 반복해서 노출될수록 그런 경향은 점점 심해진다. 이런 사람에게 배운 지식을 설명해 보라고 하면 실제로 아무것도 떠올리지 못한다. 제대로 된 '지식'이 없어서 그렇다. 남에게 설명할 수 있는 지식이 진짜 지식이다.

메타인지는 모든 분야에서 똑같이 중요하다. 직장에서도 메타인지는 핵심 역량이다. 가령 상사가 당신에게 특정 업무를 지시하고, 언제까지 결과물을 만들 수 있는지 물어봤다. 이런 물음에 오후 3시 전까지 가능할 것 같다며 마감 시간과 업무의 질을 비교적 정확하게 가늠할 수 있는 사람은 메타인지가 높은 거다. 그런데 우물쭈물하며 "저도 잘 모르겠어요."라는 답답한 말을 꺼낸다면, 메타인지가 낮은 것이다.

업무에 대한 이해도가 떨어지고 자신의 역량에 깊이와 넓이를 모른다는 의미이다. 몇 시간 동안 어느 정도 수준으로 업무를 해낼 수 있는지 모른다면, 업무역량을 측정할 수 없고, 측정할 수 없기에 성장도 없다. 강점과 약점에 대한 이해가 턱없이 부족하면 소통도 안 된다. 이 모든 건 메타인지 부족으로부터 일어난다.

위에서 말했듯이 메타인지를 높이는 최적의 방법은 남에게 설명하는 것이다. 그렇다면 왜 듣거나 읽기는 안 되는가? 애석하게도 수동적인 인풋 활동은 학습 효율이 매우 저조하다. 적극적으로 무언가를 창조할 때 뇌는 발전 한다.

한 분야에서 지식을 쌓고, 관련된 글을 쓰다 보면, 내가 진짜로 알고 있는 지식과 부족한 부분이 여실히 드러난다. 글을 쓰면 생각이 더 잘 나고, 새로운 아이디어가 추가되고, 복잡한 개념이 정리되는 청량감을 느낄 수 있다. 글을 쓰면 머릿속에서 실타래처럼 엉켜 있는 지식이 한눈에 들어온다. 결국 메타인지가 높아지고, 타인의 문제를 탁월하게 해결할 수 있는 전문가로 성장하게 된다. 돈이 되는 글 쓰기를 쓰면 메타인지가 올라가는 것이다.

그런데 '메타인지'를 높이기 위해 글을 쓰다 보면 충격받을 때가 있다. 내가 아는 지식이 상상외로 턱없이 부족해서다. 너무 아는 게 없어서 실망할 때도 있다. 분명히 한 분야에서 다년간 열심히 일하면서 나름 지식과 경험을 축적했다고 생각했는데, 글로 풀려고 하니 몇 줄이 안 나온다. 빈 종이를 채울 수 있는 사고력이 부족하다고 느낀다. 글을 써본 사람이라면 누구나 경험했을 상황이다. 자신이 무지해 보이는 상황과 마주하면 자신감이 꺾이고, 그동안 제대로 해온 게 맞는지 회의감이 들 수 있다. 여기에는 두 가지 이유가 있다. 글을 쓰는 게 서툴러서 그럴 수 있고, 진짜 아는 게 별로 없을 수 있다.

사실, 문제 해결력이 뛰어나다는 착각 속에서 허우적대기보다, 아는 게 없다는 현실과 마주하는 게 도움이 된다. 실질적 개선이 일어날 여지가 생기기 때문이다. 어차피 글은 쓰면 쓸수록 더 잘 쓰게 된다. 글을 쓰다 보면 글의 질적 수준을 올리고 싶은 욕구가 생긴다. 여기에는 지난한 공부와 연구가 따른다. 관련 도서를 찾아보고 정리한 내용을 다시 집필하는 선순환을 갖게 된다. 당연히 처음에는 어색하다. 하지만 연구하고 집필하는 과정에서 메타인지가 높아진다. 진짜 성장은 무지와 마주칠 때 피어난다.

메타인지가 생기면 무엇이 좋은가? 메타인지는 내가 무엇을 아는지 모르는지 아는 능력이라고 앞에서 언급했듯이 자신의 장단점을 정확히 파악한다는 뜻이다. 사회에서 성공을 거두려면 본인만의 노력으로는 안 된다. '협업'할 수 있어야 하고, 타인과 상승효과를 낼 수 있어야 한다. RPG 게임을 보면 동료 두 명이 함께 쓰는 파티 기술이 있다. 막강한 공격력으로 적들을 초토화한다. 하지만 파티 기술은 강력한 만큼 사용에 제약이 따른다.

현실 세계도 마찬가지다. 타인과 함께 일을 해서 상승효과가 나면, 둘 다 폭발적으로 성장할 수 있다. 그게 가능해지려면 우선 나에 대한 이해가 명확해야 한다. 내가 누구인지, 무엇을 잘하는지, 어떤 것이 미숙한지 정확히 파악할수록, 다른 사람의 힘을 빌리기 쉬워진다.

글쓰기를 하면 메타인지가 올라가고, 나에 대한 깊은 이해가 일어나면서, 다른 사람과 소통의 문이 활짝 열린다.

관심과 신뢰라는 희귀 자원을 차지하는 사람이 자본주의에서 승리한다

관심을 받으려고 온갖 엽기적인 일을 하는 사람을 속된 말로 '관심종자'라고 표현하며 부른다. 이런 부류의 사람들이 늘어나는 이유는 관심이 트래픽이 되고 돈이 되기 때문이다. 특히 요즘같이 누구나 관심을 갈구하는 시대에, 누군가의 관심을 받기란 그리 쉬운 일은 아니다. 현대인들에게 관심과 신뢰는 희귀 자원이다. 관심을 많이 받으면 다양한 기회로 확장될 수 있다. 관심을 얻는 방법의 하나는 타인에게 먼저 가치를 제공하는 것이다. 그래서 돈이 되는 글쓰기를 꾸준히 하면 타인의 관심과 신뢰가 생겨난다.

여러분에게 물어보겠다. 인생에서 기회는 몇 번 오는가? 3번? 사실 인생에서 기회는 무한대로 많다. 하지만 이 말이 '진실'이 되려면 본인이 자발적으로 움직여서 '기회'를 창출해야 한다. 성공하고 싶다면 남들에게 '기회'를 받아야 하는데, 문제는 여러분이 누구인지 '모른다'라는 점이다. 사람들은 누군가에게 신뢰받고 싶어 한다. 그런데 역설적으로 자신이 누구인지 알리는 데는 소극적이다. 다른 사람이 당신을 모른다면, 신뢰 자체가 형성될 수 없다. 확성기를 들고 나를 알리지 않았으면서, 갑자기 믿어달라고 소리치는 건 어불성설이다.

사회에서 성공한 사람들이 여러분에게 절호의 기회를 선물하고 싶어도 당신의 존재조차 인식하지 못한다. 여러분이 누구이고 어떤 능력을 갖췄는지 평상시에 증명하지 않으면, 기회가 생겼을 때 멀뚱멀뚱 바라만 봐야 한다. 유튜브를 예로 들면, 매분 당 업로드되는 콘텐츠는 500시간에 이른다고 한다. 그야말로 콘텐츠 대범람 시대. 두손 두발 들고 점프하면서 눈에 띄려 하지 않는다면 아무도 눈길을 주지 않는다. 솔직히 점프해도 눈에 띄는 게 쉽지 않다.

요즘은 자신의 콘텐츠를 적극 어필하고 수익화를 노리는 사람이 많다. 평범한 사람에게도 충분히 가능한 이야기다. 하지만 저급한 수준의 콘텐츠와 과대포장으로 인해 피해를 보는 사람도 적지 않다. 자라 보고 놀란 가슴 솥뚜껑 보고 놀란다라는 말처럼, 사람들은 다른 사람이 제공하는 서비스에 의심부터 한다.

비즈니스 세계에서 당신에 대한 신뢰는 '제로'가 아닌, 마이너스에서부터 출발한다. 그 상태에서 어떻게 당신을 어필할 것인가? 갑자기 당신이 원해서 다른 사람의 관심과 신뢰를 얻으려고 한다면, 누가 신경이나 써줄까? 평소 돈이 되는 글쓰기를 꾸준히 해야 하는 이유다.

신뢰를 얻기 위해서는 일관성과 시간이 필요하다. 다른 사람에게 대가를 받기 전부터, 먼저 나서서 교육과 정보를 제공하고 가치를 창출해야 한다. 단순히 타인으로부터 기회를 뜯어내려는, 이기적인 심보가 아님을 증명해야 한다. 이 세상은 먼저 보여 주지 않으면 국물도 없다. 무엇을 하든지 먼저 실력과 성과를 증명해야 한다.

"브랜드 설계자"의 저자 러셀 브런슨(Russell Brunson)은 타인의 신뢰를 얻기 위해, 먼저 놀랄 만한 성과를 쌓는 데 집중한다. 그는 '이너서클 코칭 프로그램'이라는 유료 프로그램을 만든다. 하지만 실제로 성취도가 높은 기업가를 코칭 한 실적은 없었다. 실체가 없다면 아무도 고액의 프로그램을 구매하지 않을 것이다. 그는 본인 프로그램이 기업가들의 문제를 해결할 수 있다는 확신은 있었고, 이를 테스트할 사람을 물색했다. 그는 당시 잘 나가던 피트 라이프(FitLife.tv)의 소유주인 드루 카놀(Drew Canole)을 만나게 된다. 이미 성공적인 사업가였지만, 러셀은 본인이 더 많은 것들을 기여해줄 수 있다고 확신하고, 이렇게 제안한다.

"제가 가서 하루 정도 일하면서, 도울 수 있는 일인지 살펴봐도 되겠습니까? 무료로 돕겠습니다."
"물론입니다. 그런데 왜 무료로 일하시죠? 그래서 당신은 뭘 얻나요? 이로울 게 있나요?"
"얻는 것은 없습니다. 저는 선생님께서 하는 일이 정말 대단하다고 생각합니다. 제가 하는 일이 조금이나마 도움이 되는지 보고 싶을 뿐입니다."

러셀 브런슨은 승낙을 따냈고, 출시를 앞둔 보충제 오가니파이의 세일즈 퍼널을 만들었다. 그리고 퍼널 제작을 코칭 하는데 한 달을 투자한다. 다행히 퍼널은 제대로 운영되었고, 연간 수천만

달러를 버는 루트가 되었다.

　놀랄 만한 성과를 기반으로 러셀 브런슨이 부탁하지 않았음에도 드루 카놀은 자신이 경험했던 변화와 회사에서 얻은 성과를 설명한 영상을 찍어주었다. '이너서클 코칭 프로그램'에 관한 성공 사례가 탄생한 것이다. 러셀은 이를 바탕으로 프로그램을 대대적으로 오픈했고 큰 성과를 거두게 된다.

　타인의 신뢰는 겨우 말 몇 마디로 얻을 수 있는 게 아니다. 정말로 희귀한 자원이다. 그러니 우리는 자신의 콘텐츠를 발행하는 일 정도는 무조건 해야 한다. 더 나아가 그것이 다른 사람의 삶을 실제로 어떻게 변화시킬 수 있는지 증명할 수 있다면 금상첨화다.

　요즘은 결과를 확인하기 위해서 온라인에서 검색하고 쉽게 해답을 찾고 있어, 핵심은 온라인에서 "증명"이다. 소위 유명한 사람을 만나면 이제는 누구나 네이버에 검색하고, 유튜브에 이름을 입력한다. 실체가 궁금하기 때문이다. 스스로 아무리 대단한 존재라고 포장해도, 온라인에서 괄목할 만한 발자취를 남기지 못했다면, 상대의 흥미는 찬물을 끼얹은 것처럼 금세 식고 만다.

　그런데 평범한 사람들은 이런 고민을 할 수 있다. 내가 어떻게 자본을 가진 기업이나 유능한 개인과 온라인 속에서 경쟁할 수 있을까? 다른 사람이 만든 화려한 영상과 이미지를 보면 주눅이 든다. 그리고 기가 죽어서 아무것도 못 하게 된다. 그 심정은 충분히 이해된다. 그러니 지금 당장 다른 사람과 비교하지 말고, 내가 직접 생산하는 것에 초점을 맞춰야 한다. 내가 만든 졸작이 남이 만든 걸작보다 100배 낫다.

처음에는 핵심만 담은 콘텐츠를 선보여도 된다. 제작비용을 최소화하자. 예를 들어서 영상을 제작해도 자막은 생략하면 된다. 자막 작업은 영상 편집에서 많은 시간을 잡아먹는다. 일단 내가 할 수 있는 범위 안에서 콘텐츠를 오픈하고, 피드백을 받아들이며 사람들의 관심과 신뢰를 쌓아갈 수 있다.

"10배의 법칙" 그랜드 카돈은 이렇게 말한다. 당신의 유일한 문제는 재능이 아니라 이름이 없다는 것이다. 당신의 시도가 성공하게 하려면 지속적이고 끈질기게 노력해야 한다. 엄청난 수준으로 행동한다 한들, 당신이 피해를 보는 경우는 절대 없다. 오히려 언제나 당신에게 도움이 된다. 질보다 양이 더 중요하다는 이야기다. 사람들의 관심을 끌면 돈과 권력은 저절로 따라오기 마련이다. 가장 많은 행동을 하는 사람이 가장 많은 관심을 끈다. 그들은 곧 최상의 결과를 얻는다.

유명해지면 유명세가 따라오지만, 무명은 그냥 폭삭 망한 거다. 그러니 돈이 되는 글쓰기를 써라. 그것을 기반으로 영상과 상세 페이지를 만들자. 자신을 적극 세일즈하라.

수많은 기회를 붙잡기 위해서, 한 분야에서 문제 해결력을 인정받은 전문가라는 사실을 어필해야 한다. 글은 전문성을 보여줄 수 있는 최적의 도구다. 게다가 시간과 장소를 가리지 않고 글을 쓸 수 있다. 누군가 만나서 구두로 어필하는 건 시공간의 제약을 받지만, 글은 언제라도 써서 플랫폼에 올릴 수도 있고 메시지로 전달할 수 있다. 그리고 한국에서 코로나 기세가 한풀 꺾였지만, 언제 또 비대면 시대가 도래할지 모른다. 글쓰기는 대면, 비대면을 가리지 않는 최강의 무기다.

온라인에서 노출한 글이 초반에 별다른 반응이 없더라도, 지식의 조각을 차곡차곡 모아두면 사람들에게 들이대는 데 활용할 수 있다. 훌륭한 인사이트가 담긴 글이 있다면, URL 형태로 상대에게 발송해 보자. 다른 사람은 여러분이 온라인에 남긴 글을 보고 성실성, 신뢰, 전문성을 무의식중에 파악한다. 지금 당장 누가 봐주지 않는다고 시도를 멈추지 말라. 훗날 반드시 활용되는 날이 온다.

지금은 회사에서도 그 사람이 보내준 이력서보다 SNS를 더 유심히 분석한다. 이력서는 꾸밀 수 있지만, 무심결에 올리는 SNS는 그보다 더 많은 진실을 노출한다. 그렇다면 SNS에 의도적으로 자신의 포트폴리오를 쌓기 위한 노력을 해야 한다.

돈이 되는 글쓰기의 장점은 온라인상에 누적한 모든 글이 확장될 수 있다는 점이다. 강연 자료, 유튜브 스크립트, 한 권의 책이 될 수 있다.

사람들은 당신의 꾸준한 노력을 보고 관심과 신뢰라는 희소 자원을 줄 것이다. 나중에 부랴부랴 준비하면 늦는다. 지금 당장 온라인에 양질의 글을 남겨서 전문가로 자리매김하자!

돈이 되는 글쓰기

말만 할 수 있다면
누구나 글을 잘 쓸 수 있다

글쓰기는 쉬운가? 어려운가? 아마 어렵다고 느낄 것이다. 못부터 쾅쾅 단단히 박고 시작하면, 글쓰기는 쉽다. 말만 할 수 있다면 글은 당연히 쓸 수 있다. 말과 글은 본질적으로 같다. 생각과 감정을 소리로 표현한 게 말이고, 생각과 감정을 글로 나타내는 게 글쓰기이다. 표현 방식만 다르지, 모두 생각을 나타내는 도구라는 점에서 같다.

사람들은 말하는 데 두려움을 느끼지 않고 느끼는 대로 이야기한다. 말하는 내용을 그대로 쓰면 한 편의 글이 된다. 어려울 게 없다. 내가 글쓰기와 말하기 관련 책을 약 50권 정도 읽고, 중국어 통번역사로 살아오면서 느낀 결과, 말하기와 글쓰기 고수들이 강조하는 바는 대부분 일치한다. 말을 유창하게 하거나 글을 물 흐르듯 쓰는 원리는 유사하다.

말할 때 없는 공포가 글을 쓸 때 생기는 이유는, 잘 써야 한다는 욕심 때문이다. 누구나 자신이 가진 역량 이상으로 뽐내려고 하면 긴장하게 된다. 과도하게 긴장된 어깨에 힘을 빼라. 가진 능력 안에서 자유롭게 쓰면 된다.

우리가 글을 쓰는 이유는 타인에게 생각을 전달하여 원활하게 의사소통하기 위함이다. 무의미한 미사여구를 빼고 쉽고 간결하게 쓰면, 글의 질적 수준이 높아진다. 지금 당장 실력이 나쁘더라도, 반복적으로 쓰면 글쓰기 실력은 자연스레 좋아진다.

글이 말보다 쉬운 측면도 있다. 글은 쓰고 난 후에 남들에게 보여 주기 전까지 얼마든지 고칠 수 있다. 반면에 말은 휘발성이 강해서 한 번 뱉으면 되돌릴 수 없다. 글을 쓰는 건 쉽지만 본인 분야에서 차별화된 전문성을 드러내고, 타인을 설득할 정도가 되려면 지속적인 훈련이 필요하다. 희소식은 누구나 올바른 프로세스대로 꾸준히 연습하면 글쓰기 실력을 향상할 수 있다는 점이다.

일부 글쓰기 전문가들은 '글쓰기는 어렵다'라는 말을 반복적으로 한다. 글쓰기는 고도의 집중력을 요한다. 어려움이 있는 것은 틀림없지만 일부 작가들은 자신이 하는 일을 과하게 미화하려는 심리가 있다. '글쓰기는 어렵다.'라는 고정관념을 남들에게 심어 줘서 자신이 마치 특별한 일을 하는 것처럼 과시한다. 자신과 타인에게 '글쓰기는 어렵다.'라는 말을 계속해서 강조하면 무의식에 불가능하다는 인식만 심어주게 된다. 사람은 무의식에 어렵다고 받아들인 것을 잘 해내기 어렵다. 글쓰기는 쉽다. 이 관념만을 무의식에 심어 넣어라. 오직 글쓰기가 쉽고 재밌을 때만, 그것을 평생 의미 있게 할 수 있다. 이 책의 목적은 한 번도 글을 써보지 않은 사람도 글쓰기에 대한 재미를 붙이고, 궁극적으로 수익 창출을 해내는 것이다.

심리분석가 에드먼드 버글러는 처음으로 작가의 벽이라는 용어를 사용한다. 작가의 벽이란 글쓰기가 점점 중요한 일이 되면서, 작가들이 글쓰기에 부담을 느끼고, 작업을 멈추거나 절필하는 경우를 말한다. 하지만 100년 전만 하더라도 드롤로프나 디킨스 같은 유명한 작가들은 생업을 유지하면서, 평생 40권 혹은 그 이상의 책을 썼다고 한다. 글쓰기에 과도한 의미 부여를 하지 않고, 그냥 썼기 때문에 가능했을 것이다.

에드먼드 버글러가 이야기했듯이, 글 쓰는 사람에게 작가의 벽이 있다면, 말하는 사람들에게도 화자의 벽이라는 게 있을까? 없다. 왜냐하면 우리가 말할 때, 잘할 수 있을지 없을지를 심각하게 고민하지 않고, 그냥 습관적으로 내뱉기 때문이다.

매번 끝내주는 말을 하려고 각오하는 사람은 없다. 글 역시 마찬가지다. 마음이 흐르는대로 쓰는 거다. 그리고 본인이 쓴 글을 자주 남들에게 보여줘라. 그것만으로 도 충분하다. 일단 시작해야 스스로 더 고민할 수도 있고 성장도 생긴다. 시작부터 거창하게 하려는 사람이 참 많다. 그러면 포기하게 된다.

사람들이 글쓰기를 회피하는 또 다른 이유는 평가가 두렵기 때문이다. 하지만 사람들은 우리에게 그렇게 관심이 별로 없고, 각자의 일로 바쁘게 산다. 내가 쓴 글을 보고 무슨 평가라도 했다면 오히려 좋아해야 마땅하다. 굳이 시간을 내서 조언을 해주었으니 감사하게 생각해야 한다.

사람들이 다른 사람에게 관심을 기울일 여력이 없다는 사실을 알 수 있는 한 가지 실험이 있다. 미국의 심리학자 대니얼 사이먼스가 진행한 "보이지 않는 고릴라"라는 실험이 있다. 이 실험에서 흰옷 입은 여성들은 서로에게 농구공을 패스한다. 영상을 지켜보는 사람은 공이 몇 번 패스 되는지 횟수를 세어야 한다. 이 영상에는 한 가지 함정이 있다. 바로 영상 중간에 걸어가는 고릴라가 있다. 처음 보는 사람은 고릴라가 여자들 사이를 공공연하게 지나쳐도 보지 못한다. 더 재미있는 내용은 뒤에 있다. 중간에 한 여성은 화면에서 사라지고, 커튼 색깔은 빨간색에서 주황색으로 변한다. 고릴라도 못 본 사람이 많은데, 다른 변화는 눈치도 채지 못하는 사람이 더 많다.

인간의 인지능력에는 한계가 있다. 단기 기억은 7+2만큼의 용량을 갖고 있다. 인간이 한 번에 집중할 수 있는 대상은 제한적이다. 바쁘다 바빠 현대 사회라는 말처럼, 사람들은 본인 일로 매우 바쁘다. 굳이 여러분이 쓴 글에 트집 잡으려는 사람은 많지 않다. 인터넷에서는 각종 이슈에 악성 댓글을 다는 사람들도, 단지 본인 인생이 힘든 것을 하소연할 공간이 필요할 뿐이다. 그런 사람들이 쓴 글을 살펴보면, 실제로 어떤 사안을 깊이 파악하고, 이야기하는 경우가 매우 드물다. 공정하지도 않은 이야기에 상처받을 이유는 더욱더 없다.

그냥 쓰다 보면 실력은 자연히 오른다. 미국의 유명한 개그맨 제리 사인펠드는 "코미디언"이라는 다큐멘터리에서 자신의 습관 하나를 밝힌다. 바로 매일 유머를 기록하는 것이다. 그는 본인이 기록한 글이 재미가 있는지, 영감을 불러일으키는지 따위는 생각하지 않았다. 그저 유머가 떠오르면 계속 기록했다. 이렇게 자기 검열을 거두고, 그냥 써내려 가라.

생각이 없어서 글을 못 쓰는 건가?
글을 안 써서 생각이 없는 건가?

　　　　　　　　　　사람들이 떠나고 오랫동안 방치된 어두컴컴한 공장은 금세 폐허로 변한다. 여기저기 잔해가 즐비하고 쥐가 들끓는다. 방치된 공장에서 가치 있는 물건을 생산하려면 청소부터 하고 고장 난 부분을 천천히 수리해야 한다. 반면에 평소 제품을 생산하고 있는 공장은 지금 당장은 효율이 높지 않더라도, 개선하면 효율이 크게 향상된다. 가동된 상태를 유지하면 무엇이든 생산하는 게 쉽다. 두뇌 공장도 마찬가지다. 평상시에 적극적으로 생산하지 않을 때, 두뇌 스위치는 OFF로 꺼진다. 외부 자극을 수동적으로 받아들이고, 정보는 깨진 유리처럼 파편화된다. 사람이 가치 있는 삶을 살기 위해서는 두뇌 공장을 상시 가동 중인 상태로 만들어야 한다. 글쓰기는 공장의 스위치를 올리는 핵심 요소다.

사람들에게 왜 글을 쓰지 않는지 물어보면, 흔히 나오는 대답이 있다. "저는 생각이 없어요. 그래서 글을 못 써요." 생각이 없어서 글을 못 쓴다. 그럴듯한 이야기다. 하지만 사실은 정반대다. 글을 쓰지 않아서 생각나지 않는 것이다. 더 정확하게 말하면 사람은 누구나 생각한다. 다만 많은 사람은 외부 자극에 따라 무분별하게 생각하고, 소수만 자신이 원하는 생각을 의미 있게 떠올린다.

사람은 목적이 없으면 수동적으로 살 수밖에 없고 강한 물살에 몸을 맡긴 채 하염없이 떠내려가게 된다. 이럴 때는 무슨 생각도 나지 않고, 아이디어도 생기지 않는다. 소비자의 삶만 살았기 때문이다. 하지만 돈이 되는 글쓰기를 할 결심을 하고, 자신의 분야에서 전문가로 브랜딩 되고 부와 행복을 거머쥐겠다는 건설적인 목표를 세웠다면, 이제부터 본격적으로 '생각'이 떠오르게 시작하라.

필자의 경우 아침 7시에 일어나서 집 근처 헬스장에서 운동한다. 운동을 하면 최고의 아이디어들이 속속 떠오른다. 두뇌에 의도적인 명령을 내린 것도 아닌데, 생각의 흐름이 자연스럽게 이어진다. 그렇게 얻은 아이디어를 실행해서 여러 번 좋은 결과를 만들었다. 왜 운동할 때가 되면 생각이 잘 날까? 다양한 이유가 있겠지만, 평소 생산하는 삶을 살기 때문이라고 생각된다.

이렇듯 목표 의식이 뚜렷하다면, 당신이 보는 모든 게 아이디어로 바뀐다. 생각이 없다는 건, 목적의식이 뚜렷하지 않다는 의미다. 게다가 글을 한 줄이라도 쓰면, 빈칸을 채우려는 사람의 욕망이 거기에 무언가 자꾸 더하고 싶어진다. 생각이 꼬리의 꼬리를 물고 이어진다. 돈이 되는 글쓰기를 하겠다는 결심을 하면, 좋은 생각이 계속해서 굴러들어 온다. 글을 쓰면 두뇌는 더욱 창조적으로 변하며 글을 쓰기 위해 자료 수집하는 과정에서 생각은 융합하고 편집된다. 지능도 덩달아 높아진다. 그러니 평소 별다른 '생각'이 없다면 더더욱 돈이 되는 글쓰기를 해야 한다.

글을 쓰면 '내 생각'이 생겨난다. 남들로부터 힌트를 얻었을지라도, 당신만의 색깔이 진하게 묻어 있는 새로운 창작물이 고개를 내민다. 당신의 아이디어는 새끼 사자 같이 작고 귀여운 모습일 수 있다. 하지만 고급스러운 고기를 주고, 뛰어놀 수 있는 평원을 제공하고, 야생성을 드러낼 수 있게 사냥 법을 가르친다면, 어리숙했던 사자는 어느새 기대에 부응해 밀림을 호령할 것이다. 그러니 지금 당장 생각이 없다고 창작의 기회를 발로 차버리지 말자.

그리고 사람들이 흔히 하는 착각으로 아이디어가 고갈되었다고 생각한다. 일단 생각 자체를 평소에 안 하고, 그마저도 꺼내면 금방 동이 난다고 여긴다. 이건 생각에 대한 오해에서 비롯된다. 일부 사람들은 생각이 마치 냉장고 속에 들어있는 식자재라고 보는 듯하다. 하나를 꺼내면 개수가 줄어든다고 보는 것이다. 생각은 꺼내면 꺼낼수록 풍부해진다. 예전에 마법의 항아리라는 동화를 본 적이 있다. 그 항아리에 무엇이든 넣고 꺼내면 2배가 된다. 적극적으로 무언가를 배우고 지식을 꺼내면 2배가 된다. 회사에서나 일상생활의 경험들이 기존의 지식과 버무려지면 지식은 점점 풍부해진다.

글쓰기는 질적으로 수준 높은 생각을 만들어 주는 마법의 항아리이다. 글을 쓰면 쓸수록 당신의 생각은 정교해지고 탁월해진다.

특별한 경험이 부족해도
글을 잘 쓰는 법

"저는 살면서 어떤 특별한 성취나 경험을 해본 적이 없어요."

글을 쓰지 않는 사람들이 흔히 하는 넋두리다. 정말로 특별함이 부족하면 글을 쓸 수 없는 걸까? 아니다. 글을 쓰지 않기 때문에 특별해지지 않는 것이다. 무언가를 작성하는 것은, 남들에게 내가 가진 지식과 열정을 공유하는 행위다. 시작은 미약할지라도, 그 끝은 창대 하다는 말처럼, 반복해서 글을 쓰고 노출하는 과정에서 점차 익숙해진다. 그리고 신뢰할 수 있는 사람에게 적극적으로 피드백을 구하자. 부족한 부분은 쓰면서 채워 나가면 된다.

이 전체 과정을 반복하면 글에 특별함이 생긴다. 경험이 부족해서 글을 쓸 수 없다는 말은 잘못됐다.

주변을 둘러보자. 한 분야에 오랫동안 종사한 전문가들이 많이 있다. 그들에게도 풍부한 성취 경험이 있다. 하지만 그들 모두가 자기 경력을 확장하기 위해서 글을 쓰는 것은 아니다. 특정 분야에 직접적인 경험이 있으면 유리할 수 있다. 하지만 아무리 경험했더라도, 그 경험에서 깨달음이나 지식을 도출해 내지 못하는 경우도 많다. 경험 그 자체가 의미 있는 게 아니다. 똑같은 경험이 같은 결과를 만들지도 않는다. 그 어떤 경험이든 무언가를 배우겠다는 관점이 훨씬 중요하다.

"뉴욕 타임스" 일요판에 '코너 오피스'라는 칼럼을 오랫동안 담당한 애덤 브라이언트는 매주 CEO를 인터뷰했다. 그는 조직의 고위급 리더와 관련해서 세계 최고 전문가라고 해도 과언이 아니다. 사람들은 그에게 자주 묻는다. "CEO가 되려면 무엇을 해야 합니까? 조직의 맨 꼭대기로 올라가려면 어떻게 해야 하죠?" 이 질문에 브라이언트는 이렇게 답한다.

"누군가를 조직의 꼭대기로 올려주는 확실한 경험 따위는 존재하지 않는다고 장담합니다. 오히려 CEO들이 자기 경험을 최대한 활용해 왔다는 사실에 주목해야 합니다. CEO들의 공통점 중 하나는 어느 순간에 무슨 일을 하든지, 그 일에서 의미를 도출한 다는 점입니다. 그들은 끊임없이 배웁니다." 여기서 알 수 있듯이 리더십의 핵심은 풍부한 경험 자체가 아니라, 학습을 향한 끝없 는 열망이다.

최고 수준의 성과를 이룬 이들은 모든 경험 속에서 배울 것을 찾고 전진한다. 다시 강조하지만, 경험보다 중요한 게 경험을 통 해 배우고자 하는 의지다. 어떤 특별한 경험이 있어서 글을 쓰는 게 아니다. 자기 경험에 의미를 부여하며, 그것을 글로 표현하면 된다. 글을 통해서 많은 사람의 문제를 해결하고, 인생의 주인공 이 되면서 특별해지는 것이다.

필자 역시 평범했던 경험의 조각들을 모아서 책을 한 편 쓴 적 이 있다. 20살에 중국 하얼빈에서 유학을 시작했다. 비행기에서 내리자마자 사력을 다해 공부했다. 유학이라고 논다는 기분을 느 껴본 적은 단연코 한 번도 없었고 학업에 최대한 매진했다. 그런 데 마치 다른 행성에서 산책 나온 것처럼, 주위 친구들은 대충대 충 공부했다. 사실 공부라는 말이 무색하게 그냥 여행 온 사람처 럼 노는 친구도 많았다.

6달쯤 지났을 때, 아니 진심으로 이야기하면 대략 1달 정도 지났을 때 같은 출발선에 있었던 사람들과 이미 중국어 실력에서 차이가 상당히 벌어졌다.

유학 경험은 모두가 누릴 수 있다. 막말로 돈만 내면 누구나 갈 수 있는 거 아닌가? 그 와중에도 배우려는 의지가 있는 자만이 성장과 깨달음을 얻을 수 있다. 경험 자체보다 누가 경험에서 삶의 철학을 얻었는지가 중요하다. 그리고 나는 경험의 조각들을 엮어서 "1년 만에 중국어 통역사가 된 비법"이라는 책을 출간했다. 이를 계기로 강연도 했다. 평범했던 내가 글을 썼더니 다른 사람에게 인정받은 것이다.

서양의 유명한 철학자 칸트는 태어나서 죽을 때까지 자신이 살던 곳을 벗어나지 않았다. 상상만 해도 삶이 너무 단조롭고 어찌 보면 지루했을 것 같다. 칸트가 살았던 1700년대는 아무리 상상력을 발휘해도 지금처럼 화려하고 다채롭지도 않았을 것이다. 하지만 제한적인 환경에도 불구하고 칸트는 "순수이성비판"이라는 역작을 남겼다. 직접 경험은 적었지만, 사유는 풍부했다. 경험만이 유일한 정답이 아니다. 인간의 사유 능력을 극대화할 수 있다면, 그것에 기대어 인류 역사에 길이 남을 대단한 작품도 남길 수 있다. 글에 통찰력과 깨달음을 담을 수 있다면 남들에게 좋은 영향력을 미칠 수 있다.

"메신저가 되라"의 저자 브랜든 버처드는 누구나 지금 당장 전문가가 아니더라도 연구를 통해서 특별한 메신저가 될 수 있다고 주장한다. 버처드가 대학 다닐 때, 여동생 헬렌이 남자친구와 관계로 힘들어한 적이 있다. 둘이 결혼을 전제로 진지하게 사귀었는데 사이가 나빠졌다. 여동생은 자신이 신뢰하는 오빠인 버처드에게 조언을 구한다. 재밌게도 버처드는 그때까지 누군가와 깊게 사귀어 본 적이 없었다. 연예 상담을 하려고 해도 경험이 있어야 하는데 난감한 상황이었다. 그래도 사랑하는 여동생을 간절하게 돕고 싶다는 마음에, 자신이 아는 것을 쥐어짜 내서 알려준다. 하지만 아는 게 없으니, 말만 더듬을 뿐이었다. 버처드는 본인이 연예에 무지하다는 것에 좌절했다. 그래서 서점에 가서 4시간 동안 인간관계 관련된 책을 전부 훑어보고, 10권이 넘는 책을 구매해서 중요한 내용을 전부 노트로 옮겨 적었다. 한 주 동안 책에서 깨달은 지식을 종합한 후, 이제 다시 결전의 순간이 찾아왔다. 버처드는 여동생에게 자신이 익힌 인간관계의 정수를 유창하게 공유했다. 여동생은 오빠의 조언에 귀 기울였고, 놀랍게도 문제가 해결되었다.

그때부터 버처드는 인정받는 '인간관계 메신저'로 뜨기 시작한
다. 대학 캠퍼스에서 인간관계로 고통받는 친구들을 도와주었다.
하루는 여학생회에서 일하고 있는 여학생에게 인간관계에 대한
조언을 해줬다. 그러자 그 여학생은 너무 유용하다며 여학생회에
와서 강연해달라며 강연 요청을 했다. 강연료도 300달러나 지불
했다. 졸지에 인간관계 전문가가 된 것이다. 연예나 인간관계에
대해 깊이 생각해 본 적도 없던 버처드는 여동생을 돕겠다는 일
념으로 수많은 책을 읽으며 연구했다. 실제로 다양한 인간관계를
경험하지는 않았지만, 올바른 지식을 섭렵하고 정리함으로써 남
들을 도울 수 있는 위치까지 향상했다.

내가 남들보다 모든 면에서 우세해서 글을 쓰는 게 아니다. 종
이 한 장이라도 더 학습하고 경험했다면, 그것을 엮어서 한 편의
글로 묶으면 된다. 누군가는 당신의 글에 용기를 얻고, 깨달음을
얻을 것이다.

지금 당신에게 특별한 성취나 경험이 없는가? 전혀 걱정하지
말라. 글을 쓰면 본인 안에 내재하여 있던 비범함이 껍데기를
깨고 튀어나올 것이다. 그리고 당장 서점으로 달려가서 배우
고 싶거나 영향력을 발휘하고 분야를 연구하라. 열심히 독서하

고 지식을 빼곡히 쌓아 올려라. 그리고 그것을 글로 표현해서
필요한 사람들에게 나눠주자. 이것이 특별한 경험이 부족해도,
누구나 글을 쓸 수 있는 이유다.

마감 시간 내에 정해진
분량만 채우면 일단 합격!

처음 글을 쓰는 사람이 기준을 너무 높게 잡으면 시작할 엄두가 나지 않는다. 대부분 사람의 심각한 문제는 글을 못 쓰는 게 아니다. 아예 쓰지 않는다는 점이다. 전혀 쓰지 않으니, 남들에게 아무런 영향도 미치지 못한다. 세상에는 한 글자도 쓰지 않는 사람과 많이 쓰는 사람으로 나누어져 있다. 글을 쓰면 반드시 성장한다. 그런데 왜 안 쓸까? 잘 써야 한다는 중압감과 완벽주의에 시달리고 있기 때문이다. 글을 쉽게 쓰기 위해서는 기준점을 낮춰야 한다.

나에게 코칭을 받은 분 중에 태어나서 처음 글을 써봤다고 하는 분들도 있다. 그런 분들도 동기부여가 되어, 글쓰기 프로세스 5단계를 배우면 2,000자 이상도 거뜬히 쓴다. 포인트는 갑자기 무리한 요구를 하지 않는 것이다. 작고 달콤한 성취감부터 맛보게 한다. 오늘 처음 글을 쓰는 사람한테 갑자기 내일까지 2,500자를 써내라고 강요하는 건 무리다. 이건 마치 오늘 헬스장을 등록한 사람한테 스쿼트 150회를 시키는 것과 마찬가지다. 허리나 무릎 부상으로 씁쓸한 결과를 초래하게 된다.

무엇을 하든지 점진적으로 접근해야 한다. 나는 처음 글을 써보는 사람한테 기준을 최대한 낮추라고 제안한다. 중요한 건 자발성이다. 나는 코칭 받는 사람과 함께 본인이 몇 자 정도 쓸 수 있을지 정한다. 수강생이 1,000자 정도 쓸 수 있다고 하면 그렇게 한 번 해본다. 글을 써보니 막상 너무 많은 시간을 투자해야 하거나, 여력이 없다면 500자로 줄일 수 있다. 본인이 직접 결정했기 때문에, 지키려는 욕구도 커진다.

이 과정에서 내가 적극적으로 개입하거나 시키기보다, 본인이 직접 시행착오를 거쳐야 한다. 사람은 남이 시켜서 하는 일을 원치 않는다. 거부감이 생긴다. 글을 처음 쓰더라도, 본인이 게임을 주도한다는 느낌이 있을 때만 즐겁게 몰입할 수 있다. 내가 2,500자를 시켰는데 못 쓰면 실패로 기록된다. 수강생이 500자를 쓰기로 해서 2,000자를 남겼다면 그건 큰 성공이다. 이렇게 하면 자발성과 성취감 두 마리 토끼를 전부 잡을 수 있다.

글을 쓰기 위해서는 완벽주의를 타파해야 한다. 글을 잘 써서 사람들에게 엄청난 효과를 주고 싶다는 마음을 잠시 내려놓자. 욕심이 크면 막상 글쓰기를 차일피일 미루게 된다. 뇌가 과도하게 긴장하기 때문이다. 우선 마감 시간을 설정하라. 그리고 연구 시간과 집필 시간을 정해 둔다. 연구는 독서, 영상 시청, 사색 등을 포함한다. 쓰기 전에 주제를 선정하고 자료 수집과 공부가 선행되어야 한다. 그리고 초고와 퇴고를 할 시간 및 장소를 확보하면 행동력이 높아진다. 그리고 때가 되면 군말 없이 약속대로 무조건 하자. 결과는 잠시 잊고 행동에 집중한다. 이렇게 하면 미루는 나쁜 습관을 없앨 수 있다. 완성하면 발행을 살포시 누르면 된다. 이렇게 실행과 완성에 대한 확고한 프로세스를 만들어야 언제라도 콘텐츠를 생산할 수 있다. 완벽주의는 시도를 가로막는다. 콘텐츠를 만드는 데 시간을 적절히 분배하고 완전히 몰입하자.

"마감 시간 내에 정해진 분량을 써내면 일단 합격!"이라는 이 한 줄의 문장을 반복적으로 되뇌며 무의식에 새겨 넣자. 이 기준을 넘기면 자신을 격려하라. 마감 시간 내에 정해진 분량만 채워

　　　　　　　　　　　돈이 되는 글쓰기

서 '합격'인 70점을 달성할 수 있다면, 누구나 마음의 짐을 내려놓고 시도할 수 있다. 대부분 사람은 잘 쓰고 싶어서 온갖 심리적 압박을 스스로 만들어서 출발조차 못 하게 된다. 정해진 시간에 글을 썼다면 당신은 이미 수많은 경쟁자를 제친 셈이다. 다른 사람들은 완벽주의에 시달리며 아무것도 못 하고 있기 때문이다. 쓰지 않으면 개선되지 않고 개선이 없는데 어떻게 원하는 목표를 이룰 수 있을까? 어설픈 글이라도 계속 써야 실력이 늘어난다. 어설픔과 부족함을 수용할 수 있을 때, 진정한 성취를 할 수 있다.

어떤 사람들은 이렇게 하면 본인에 대한 기준이 너무 낮아서 성장에 불리할 것 같다는 의문이 들 수 있다. 전혀 그렇지 않다. 기준점을 낮추라는 것이 퀄리티 하락을 의미하지 않는다. 마감 시간 내에 정해진 분량을 쓰면 70점, 그저 합격이다. 격려를 받을 수 있지만 찬사를 받기에는 모자란다. 그리고 글의 퀄리티는 본인이 제일 잘 안다. 그것을 개선하려는 욕구는 자연스럽게 생긴다. '합격'이 '매우 훌륭하다'라는 의미가 아니기에, 일단 합격 해놓고 그 단계에서 탁월함을 추구하자는 거다. 겁쟁이처럼 시작조차 못 하는 우둔한 짓을 하지 말자. 명심하자. 우선 합격 된 글을 쓰고, 거기서 더 나아지려고 하자.

"아주 작은 습관의 힘" 저자 제임스 클리어는 이렇게 말한다.

'어떤 중요한 순간은 과대평가 되지만, 매일 사소한 진전은 과소평가 되기 쉽다. 흔히 우리는 대단한 행위가 있어야만 성공할 수 있다고 확신한다. 살을 빼고, 회사를 설립하고 책을 쓰고 챔피언십을 따내는 등 어떤 목표들을 이루려면, 어마어마한 개선이 있어야 한다고 생각하며 자신을 압박한다. 1% 성장은 눈에 띄지 않는다. 가끔은 알아차리지 못할 때도 있다. 하지만 이는 무척 의미 있다. 수학적으로 생각해 보자. 1년 동안 매일 1% 성장한다면, 나중에는 처음 그 일을 했을 때보다 37배 더 나아져 있을 것이다.'

사람들은 작은 성취를 무시하고, 결정적 순간만을 숭배한다. 하지만 당신이 오늘 글을 한 편 썼다면 이미 성공자의 길에 들어선 것이다. 그러니 완벽주의를 버리고 오늘 당장 작은 실천을 해보자.

2장

글이 쉽게 써지는
마법의 프로세스 5단계

글은 칭찬을 통해서
성장한다

당신이 처음으로 글을 써서 사람들에게 노출하면 어떤 반응이 나올까? 무관심이다. 첫 글부터 사람들의 이목을 끌기란 상당히 어렵다. 아무런 반응이 없으면 가끔 악성 댓글마저 기대가 된다. 댓글이 없는 것보다 악성 댓글이 낫다는 말이 한때 유행했었다. 절대 동의하지 않지만, 그게 어떤 심정인지는 이해된다. 콘텐츠가 약하면 무관심이 오래갈 수 있다. 인고의 세월을 버티고 지속해서 써야 점점 두각을 드러내게 된다. 그런데 이렇게 앞날이 불투명해 보이는 과정을 어떻게 버틸 수 있을까? 정답은 버티지 말아야 한다. 억지로 버텨서는 끝

돈이 되는 글쓰기

까지 완주할 수 없다. 매 순간 최대한 즐겨야 한다. 글쓰기를 즐기기 위해서는 자기 칭찬이 무척 필요하다.

혹자는 글쓰기 실력을 향상하기 위해서, 항상 예리한 피드백이 있어야 한다고 주장한다. 반만 맞다. 자신을 코너로 가혹하게 밀어붙이면 포기만 빨라진다. 생각해 보자. 한국의 공교육은 글쓰기를 가르치지 않는다. 학생이 쓴 글에 대해서 피드백 받는 경우도 거의 없다. 성인이 될 때까지 체계적으로 글쓰기 연습을 해본 적도 없다. 이런 상황에서 갑자기 글을 쓰라고 요구하고, 날카로운 피드백까지 더한다면 과연 성장에 도움이 될까?

발묘조장(拔苗助長)이라는 사자성어가 있다. 모가 늦게 자란다고, 손으로 모를 조금씩 뽑아서 자라게 한다는 뜻이다. 손으로 억지로 뽑았으니, 눈으로 보기에는 모가 자란듯하나, 결국 뿌리가 뽑혀서 말라 죽고 만다. 당장 성과가 보이지 않더라도, 글쓰기란 나무가 뿌리를 깊게 뻗고 있다고 믿어야 한다.

그리고 세상에는 거친 피드백을 초콜릿처럼 달게 삼키는 넓은 마음의 소유자도 있지만, 작은 지적을 곱씹으며 가슴 아파하는 세심한 내면을 지닌 사람도 있다. 모든 사람에게 통용되는 방법은 칭찬 중심으로 의욕을 키워 나가는 것이다.

"반드시 잘 쓰겠다"라고 어깨에 잔뜩 힘이 들어가면 글쓰기의 자유로운 흐름을 방해할 수 있다. 잘 쓴다는 말의 숨은 뜻은 무엇인가? 남들에게 빨리 칭찬과 인정받고 싶다는 말이다. 이런 욕구 자체는 문제가 되지 않는다. 하지만 남들의 표면적인 반응에만 초점을 맞춰서 글을 쓰면 무색무취가 된다. 남들이 뻔히 예측할 수 있는 어정쩡한 글이 탄생한다.

"1페이지 마케팅 플랜"의 저자 앨런 딥(Allan Dib)은 이렇게 강조한다. 광고 문안을 작성할 때, 사람들을 지루하게 만들지 마라. 설득력 있는 단어를 구사하는 것만큼 풍부한 보상을 주는 기술은 없다. 단조롭고 지루한 '전문가' 같은 판매 문구를 구사하는 것이야말로 잠재 고객의 흥미를 잃게 하는 지름길이다. 광고 문구도 한 사람과 직접 대화하는 것처럼 만들어야 한다.

그렇다면 소위 기업에서 딱딱하고 전문가처럼 보이는 글을 천편일률적으로 적는 이유는 무엇일까? 내 가족, 지인, 주변 사람들이 어떻게 보고 평가할지 두렵기 때문이다. 자연스러움을 포기하고, 남들이 이미 해온 형식만을 답습한다. 자신의 개성에 스스로 물을 주고 가꾸지 않기 때문에, 남들이 고개를 끄덕이는 형태만 지속한다. 모난 곳은 없어 보이나 사람들의 호응을 끌어내지 못한다. 이를 해결하는 방법은 본인의 글을 칭찬하고, 특유의 스타일을 개발하는 것이다.

자신이 쓴 글을 검열하고 거칠게 비난만 한다면 의욕이 꺾이고 포기할 수 있다. 우선 글을 쓰는 습관이 있어야 글의 질적 수준을 향상할 수 있다. 애초에 쓰려는 욕구가 사그라드는데, 거기에 무슨 피드백을 주겠는가? 필자는 이 글을 쓰는 지금 3년 넘게 꾸준히 운동하고 있다. 1주일에 5~6일, 1~1시간 30분 정도 강도 높은 훈련을 한다. 처음에는 매일 헬스장에 출석 도장을 찍었다. 작은 무게부터 하나씩 정복했다. 운동 습관부터 만들었더니 운동 퀄리티도 곧 뒤따라왔다. 글쓰기도 마찬가지다. 일단 쓰고 자신을 격려하라. 실력은 금방 생겨난다.

글을 써서 사람들에게 드러낸다는 건, 남들이 만든 콘텐츠나 주야장천(晝夜長川) 소비하는 소비자에서, 타인에게 영향력을 미치는 강자가 되었다는 의미다. 글쓰기 자체로 칭찬받아 마땅하다. 글쓰기 실력은 칭찬을 통해서 성장하고, 지속적인 격려와 응원이 글을 쓰게 만드는 동력을 무한대로 제공한다. 누가, 이 중요한 일을 대신 해줄까? 자기 자신이다. 다른 사람에게 맡길 수 없다.

내면의 날카로운 비평가는 잠시 숨겨두고, 대천사가 되어서 자신의 '글'을 마구 칭찬해 주자. 위에 언급했듯이 '마감 시간 내에 정해진 분량을 써내면 합격이다.' 무관심이라는 깊은 터널을 무사히 건너기 위해서는 칭찬이라는 무한 동력이 필요하다. 날카로운 비평가는 퇴고할 때 살짝 등장하면 된다. 글을 다 쓰고 사람들에게 공개할 때도 비평에 가슴 아파할 이유가 없다. 만약 쓰는 과정이 충실하지 않았다면 반성할 수 있지만, 최선을 다했다면 어떤 결과가 나오든 받아들이는 것이 맞다.

레이먼드 카버라는 유명 작가는 "시간이 있었으면 좀 더 잘 썼을 텐데"라고 자기 소설에 이런 말을 남긴다. 나는 소설 쓰는 친구가 그런 말을 하는 것을 듣고 깜짝 놀랐다. 만약 그가 써낸 이야기가 힘이 닿는 한 최선을 다한 것이 아니었다면 대체 무엇 때문에 소설을 쓰는 것인가?

우리가 무덤까지 가져갈 건 최선을 다했다는 만족감, 힘껏 일했다는 노동의 증거뿐이다.

내가 그 순간에 집중해서 충실하게 행동했다면, 결과에 초연해질 수 있다. 글을 쓰고 칭찬하고 결과를 받아들이자.

남들의 평가로부터 자유로워지는 비결은, 내가 할 수 있는 최선을 기울이는 것이다. 더 하려야 더 할 게 없는 마지막의 마지막까지 최선을 다하면, 뒤따라오는 평가는 초연하게 받아들일 수 있게 된다.

글쓰기는 높은 수준의 지적 작업이다. 주제를 세심하게 정하고 알맞은 재료를 수집하여, 문장을 가다듬는 일련의 과정은 인지적 자원을 상당히 소모한다. 많은 사람이 글쓰기를 꺼리는 이유다. 돈이 되는 글쓰기를 익혔을 때 얻게 되는 이점은 매우 크다. 그래서 글쓰기를 즐겁게 하기 위해서는 끊임없이 동기 부여할 수 있는 환경 설정이 필요하다.

글쓰기가 삼시세끼 먹는 것처럼 완전한 습관으로 자리 잡기 전까지, 혹은 그 후에도 무한 격려와 칭찬이 필요하다. 그것을 남들에게 요구하지 말자. 자기 칭찬이란 무기를 장착하자. 사람은 누구나 무엇을 하든지 생각보다 더 많은 인정과 칭찬이 필요한 법이다. 필자가 운영하는 글쓰기 모임은 참여사 모두 '정신 어린 격려'를 남기는 것을 원칙으로 한다. 내가 대접받고 싶은 대로 남을 대접하라는 말처럼, 나부터 다른 사람들을 챙겨준다.

노파심에 말하면 글쓰기가 습관이 되었고 본격적으로 실력을 올려보겠다는 사람들에게 건설적인 피드백은 필수적이다. 의식적인 훈련에서 빼놓을 수 없는 요소가 피드백이기 때문이다. 나

역시 피드백을 타인에게 적극적으로 요청한다. 이게 가능한 건 남들의 불편한 피드백이 나의 글쓰기 욕구를 억누를 수 없기 때문이다.

칭찬을 통해 글쓰기 욕구를 유지하자. 그러면 남들이 하는 많은 이야기를 조금 더 여유롭게 받아들일 수 있을 것이다.

좋은 사람이
좋은 글을 쓴다

돈이 되는 글쓰기는 전문지식을 체계적으로 쌓고, 사람들의 문제를 해결하며 전문가로 브랜딩 되는데 목적이 있다. 어떻게 해야 돈이 되는 글을 잘 쓸 수 있을까? 양질의 글을 쓰기 위해서는, 평소에 생각을 정교하게 나듬는 습관을 들여야 한다. 위에 언급했듯이 글은 생각과 감정을 문장으로 표현한 것이다. 글의 뿌리는 생각이다. 사회에서 인정받지 못하는 사람은 대게 생각의 구조가 허술하다. 또한 빈틈이 많고 오지랖이 넓다. 자신을 발전시키는 데 전혀 도움 되지 않는 사회 이슈를 신경 쓴다.

자기 일에 치열해지자. 본인 분야에 산재하여 있는 문제에 대해서 뜨겁게 고민하고 독특한 관점을 갖춰보자. 사고가 명료할수록 좋은 글이 나온다. 그러니 평소 의식적으로 생각하는 연습을 해야 한다. 그렇다면 좋은 '생각'은 또 어디서 나올까? 좋은 인생에서 출발한다. 그래서 좋은 글을 쓴다는 건 좋은 사람이 된다는 것과 같은 의미다. 글은 기교가 아니라 인생으로 쓴다. 인생은 뿌리고 글은 열매이다.

인간의 정신 구조 90%를 차지하는 무의식에 올바른 철학이 자리 잡고 있다면, 거기서 좋은 생각과 감정이 싹트게 된다. 무의식을 바꾸려면 우리가 접하는 모든 정보를 의도적으로 선별해야 한다. 물론 하루 24시간 살면서 외부의 정보를 100% 통제하는 건 불가능하다. 하지만 무의식이 외부 정보에 시시각각 영향을 받는다는 사실을 깨달으면, 적극적으로 방어할 수 있다. 이때 방어라는 말은 원치 않는 것을 떠올리는 게 아니라, 원하는 것을 더 맹렬하게 생각하고 추구하는 상태를 말한다.

머릿속에 백해무익한 정보가 침투해서 영향을 받을 수밖에 없다는 걸 안다면, 출처 불명의 정보를 바로 무시할 수 있다. 여러분은 양질의 도서를 반복적으로 읽고, 뛰어난 사람을 만나서 언제나 신선한 아이디어를 공급받을 수 있는 환경을 설정해야 한다. 내 주변 사람 5명의 평균이 나라는 말이 있다. 인간은 주변 환경에 지대한 영향을 받는다. 가장 강한 환경의 영향력을 만드는 건 인간이다. 좋은 사람이 되고 싶다면, 자기가 동경하는 사람들과 함께 시간을 보내야 한다. 만약 좋은 사람을 만날 여력이 되지 않는다면, 배울 점이 많은 유튜버를 구독해 놓고, 그들의 이야기를 꾸준히 들으면 된다.

사람을 움직이는 글을 쓰기 위해서는 평소에 언행일치 된 삶을 보여줘야 한다. 이는 기본 중의 기본이며, 이렇게 살아가면 좋은 생각과 아이디어가 폭포수처럼 쏟아진다. 신념을 추구하는 삶이 좋은 아이디어를 뿜어낸다. 이렇게 살지 않으면, 잠시 기교로 매혹적인 글을 쓸 수는 있어도 결국 설득의 힘을 잃어버리게 된다. 지속할 수도 없고 본인도 금세 지친다. 콘텐츠 비즈니스는 등락이 따른다. 통제할 수 없는 운의 요소가 매우 커서, 본인의 의지마저 확고하지 않다면 우연히 찾아오는 급상승의 순간을 놓칠 수밖에 없다.
다시 돌아와서 설명하자면 말과 행동을 일관성 있게 유지할 때 남을 설득할 수 있다. 일관성의 모범을 보여 준 간디의 묘비에는 '내 삶이 곧 나의 메시지다 (My life is My message)'라는 구절이 적혀 있다. 이 얼마나 감동을 주는 말인가! 당신의 삶 자체가 거대한 메시지가 되길 바란다. 그러면 글쓰기는 더 이상 어렵지 않을 것이다.

추가로 좋은 글을 쓰려면 자신이 전달하는 메시지에 100% 심취해야 한다. 그래야 남을 확실히 설득할 수 있다. 스스로 전달하는 메시지의 가치와 내용에 심취할 때, 남들이 그 가치를 깊게 느낄 수 있다. 한 가지 사례로 설명해 보겠다.

데일 카네기가 뉴욕에서 교육 강좌를 개최할 때 있었던 이야기다. 당시 뉴욕에서 꽤 유명한 세일즈맨도 강좌에 참석했다. 그는 "씨앗이나 뿌리가 없어도 목초를 만들어 낼 수 있다"라는 대담한 주장을 펼쳤다. 그의 주장은 본인이 가래로 땅을 파헤친 다음에 히코리 재를 뿌렸고, 거기서 파란 싹이 돋아났다는 것이다. 목초가 생겨난 게 오직 히코리 재 때문이며, 다른 이유는 절대 없다고 굳게 믿고 있었다.

데일 카네기는 이야기를 전부 듣고, 만약 이 '대단한 발견'이 사실이라면, 당신은 이미 백만장자가 됐을 거라고 답했다. 불가능하다는 점을 에둘러 표현한 것이다. 확실히 상식에서 너무나 벗어났다. 하지만 세일즈맨은 의자를 박차고 일어나서 본인이 절대로 그릇된 주장을 하고 있지 않다는 반론을 제시했다. 왜냐하면 본인 '두 눈'으로 똑똑히 봤기 때문이다. 심지어 그는 참고 자료와 증거물까지 제시하며 더욱 열성적으로 주장했다.

데일 카네기는 다시 한번 그런 일은 절대 일어나지 않는다며 반박했다. 세일즈맨은 한술 더 떠서 농무부에 문의해서 누가 옳은지 확인하자며 내기까지 제안했다. 이때 갑자기 흥미로운 사건이 벌어졌다. 수강생 중 몇 사람이 그의 주장에 찬성을 표시한 것이다. 데일 카네기는 원래 재는 절대 목초를 만들 수 없다고 주장했던 사람들이 왜 생각을 바꿨는지 물어봤다. 그러자 그들은 세일즈맨의 미친 확신과 뜨거운 주장이 그들의 생각을 바꿨다고 솔직하게 답했다.

위의 얘기와 같이 누군가 특정 대상에 100% 확신을 갖고 이야기하면, 그를 지지하는 사람이 반드시 나타난다. 설령 터무니없는 주장이라 할지라도 말이다. 만약 재로 목초를 만들어질 수 있다는 허무맹랑한 주장조차 확신의 힘으로 다른 사람을 움직이게 했다면, 설득력 있는 근거가 뒷받침되는 주장은 얼마나 강력한지 쉽게 상상할 수 있다.

나는 일련의 사실을 통해서 확신의 무서운 힘을 이해할 수 있었다. 넷플릭스에서 사이비 종교를 다룬 다큐멘터리를 본 적이 있는가? 사이비 종교의 수장들은 하나같이 자신의 주장과 체계에 극도의 확신을 보인다. 사람은 누구나 불확실성이 두렵기에, 확신이 있는 대상에 끌려간다. 자신의 사고 체계가 분명하지 않을수록 더 쉽게 끌려간다. 확신은 허무맹랑한 말조차 믿게 만드는 힘이 있다.

'확신'의 힘이라는 그 자체는 나쁘지 않다. 옛날 독립투사들도 나라를 반드시 지켜야 한다는 확신이 있었기에 목숨을 던질 수 있었다. 자신의 신념을 믿었기에, 온갖 고초를 겪어도 지속할 수 있었다. 확신하는 사람에게는 따르는 사람이 생긴다.

여러분은 자신이 하는 말에 얼마나 열광하는가? 이 물음에 답할 수 없다면 열광할 수 있는 주제와 내용부터 찾아라. 평소 그것에 완전히 심취하고, 자신만의 생각과 결과물을 쌓아 올려라. 그것들을 글로 써서 남들한테 표현할 때 브랜딩이 될 수 있다.

정보와 지식을
아낌없이 퍼줘라

"굳이 이런 고급 정보까지 공개해야 하나요?"
"돈 받고 팔아도 되는데 너무 아깝네요"

돈이 되는 글쓰기를 하다 보면 이런 생각이 들 수 있다. 내가 오랫동안 축적한 지식을 사람들과 무상으로 나누자니 아깝고, 머릿속에 묵혀 놓았다가 고급 정보와 지식을 책, 유료 강의 등으로 엮어서 팔고 싶어진다. 또한 무료로 공개하면 가치가 희석되어서 나중에 돈 받고 팔 수 없지 않을까 우려도 하게 된다.

만약 그게 걱정이라면 해답은 간단하다. 유료 콘텐츠로 제작해서 팔면 된다. 안될 것도 없다. 하지만 팔아본 경험도 없고, 단지 본인의 지식이 엄청나다는 느낌만 있다면, 아낌없이 공개하기를 권한다. 얼마나 대단한 것을 내놓던지, 사람들은 항상 의심부터 한다. 신뢰를 단숨에 얻을 방법은 없다. 당신이 먼저 가치를 보여 주지 않았는데, 왜 다른 사람이 먼저 인정하고 돈을 결제할까? 가 치를 입증하지 않은 상태에서 갑자기 무언가를 팔 때 잘 안되는 이유가 여기에 있다.

여러분은 거액의 강의료를 결제해 본 경험이 있는가? 한 번이 라도 고액 강의를 들어본 사람은, 해당 전문가를 인식한 시점부 터 실제 구매까지 상당한 시간이 걸렸음을 알 수 있다. 장담컨대 수백만 원에 달하는 돈을 결제하기 전에, 해당 전문가의 여러 권 의 책, 수십 편의 유튜브 영상 등 오만가지 콘텐츠를 이미 섭렵했 을 것이다. 이 사람이 진짜 전문가인지, 혹시 사기꾼은 아닌지 다 방면으로 검증하게 된다. 내가 아는 사람은 어느 전문가의 강의 를 구매하기까지 2년 동안 쭉 지켜보았다고 고백했다. 그만큼 신 뢰는 생기기 어렵다.

그렇기에 더더욱 처음부터 자기 능력을 자발적으로 검증하는 시간이 필요하다. 이 시간대에 지식과 능력을 감추려고 든다면 아무것도 늘지 않는다. 유튜브만 봐도 각 분야의 고수들이 하루가 멀다고 무료로 고급 지식과 정보를 아낌없이 공개한다. 공짜라고 콘텐츠의 질이 낮지도 않다. 이런 상황에서 인지도가 전혀 없는 사람이 아낀다고 맛만 보여주면, 애꿎은 콘텐츠의 질만 낮아진다. 경쟁력이 없어서 간택조차 받을 수 없다. 사람들은 한 번 실망하면 쉽게 돌아오지 않는다.

시작 단계에서는 인지도와 신뢰를 높이는 데 주력해라. 솔직히 말하면 당신이 갖고 있는 정보와 지식을 마구 퍼줘도 다른 사람이 원할지 원하지 않을지도 현재로서는 미지수다. 그러니 처음부터 전력투구하는 마음으로, 정보와 지식을 아낌없이 공개해서 본인의 유용함을 어필하자.

명심하자. 성공하는 사람들은 받은 것보다 더 많은 걸 주려고 한다. 아무것도 받지 않았는데, 고급 지식부터 제공하면, 사람들은 혜택을 받았다고 느낀다. 그리고 갚으려는 부채 의식이 생긴다. 당신이 제공하는 무료 콘텐츠도 이렇게 훌륭한데, 유료 서비스는 얼마나 대단할지 기대하게 된다. 여기까지 해낼 수 있다면 성공이다.

타인에게 먼저 선의를 베푸는 게 얼마나 강력한 힘을 가졌는지 실제 사례를 통해 알아보자.

"설득의 심리학"에는 상호성의 법칙이 나온다. 우리는 다른 사람한테 뭔가를 받으면 상응하는 보답을 해야 한다는 압박이 생긴다. 누군가 호의를 베풀면 호의로 갚아야 한다. 상호성의 원칙은 자신이 보여준 행동의 결과가 좋든 나쁘든, 결국 뿌린 대로 거둔다는 사실을 보여준다.

1차 세계대전 당시, 적군을 붙잡아 심문하는 독일 병사가 있었다. 참호전의 특성상 대규모 병력이 전선 사이에 존재하는 무인지대를 통과하는 건 불가능했지만, 병사 하나가 몰래 기어가서 상대 참호로 잠입하는 건 크게 어렵지 않았다. 해당 독일 병사는 이미 여러 차례 임무를 성공적으로 수행해서 다시 한번 파견을 나가게 되었다.

능숙한 독일 병사는 무인지대를 은밀히 통과해, 참호를 홀로 지키던 적군 병사를 급습한다. 한가로이 빵을 먹고 있던 적군 병사는 심장이 떨어지게 놀랐고 즉시 무장해제를 당한다. 그런데 죽음의 공포에 사로잡힌 병사가 찰나의 순간, 아주 특별한 결정을 내린다. 바로 독일군에게 자기 빵을 건넨 것이다. 이 작디작은 호의에 감동한 독일 병사는 자신에게 호의를 베풀었던 적군을 차마 잡아가지 못했다.

상호성의 법칙은 적군을 생포해야 하는 막중한 임무를 지닌 군인조차, 본분을 잊게 할 정도의 위력을 지녔다. 보통 남자들은 군대에서 고강도 훈련을 하는데, 온몸이 지치고 허기진 상태에서 섭취하는 음식은 심적으로 큰 위로가 된다. 독일 군인 관점에서 보면, 목숨을 걸고 혼자 기어서 참호까지 갔다. 기진맥진하고 스트레스로 신경이 온통 날카로워졌을 것이다. 이때 적군 병사가 건넨 빵은 충격 그 자체로 다가왔을 것이고, 상대가 더 이상 죽여 마땅한 적이 아닌, 지친 몸과 마음을 위로해 준 은인으로 느껴졌을 수도 있다.

문제 해결을 간절히 바라는 사람에게, 내가 먼저 정보와 지식을 아낌없이 베풀면 유대와 신뢰를 쌓을 수 있다. 상호성의 법칙을 믿어라. 조금 더 퍼준다고 해서 절대로 손해 보지 않는다. 지식 비즈니스 특성상, 지식은 나눌수록 더욱 풍성해신나.

또 이렇게 반문할 수 있을 것이다. "내가 가진 모든 카드를 무료로 풀면 유료화해도 더 이상 차별화를 줄 수 없을 것 같아요." 이것도 기우다. 돈이 되는 글쓰기를 할 때 가급적 최상의 정보와 지식을 담아내면, 그동안 축적해 온 지식과 경험이 두뇌에서 하나로 융합된다. 수많은 점이 선으로 연결된다. 돈이 되는 글쓰기를 열심히 하면, 본인 분야에서 진짜 중요한 것과 아닌 것을 거를 수 있게 된다.

사람들은 지식 자체가 없는 게 아니다. 정보의 홍수 속에서 지식의 우선순위를 헷갈릴 뿐이다. 게다가 어떻게 지식을 체계적으로 쌓을지에 대한 답이 없다. 지식을 믿고 활용하지도 않아서 인생에 변화가 없다. 당신이 제공하는 유료 서비스가 사람들에게 지식을 체계적으로 익히고 활용하게 도와준다면 뛰어난 가치를 입증받을 수 있다.

차별화를 위한다고 완전히 새로운 지식을 더하는 것만이 능사가 아니다. 본인이 가진 정보와 지식을 하나의 시스템으로 유기적으로 묶을 수 있다면 충분한 가치가 있다. 평소 글에서 정보와 지식이 질적으로 높은 수준을 입증받았다면, 유료 전환은 생각보다 수월할 것이다.

유료 서비스로 줄 수 있는 가치는 콘텐츠 외에도 다양하다. 사람들끼리 서로 격려하고 성장하는 커뮤니티, 도전하는 데 집중할 수 있는 환경, 실행을 쉽게 만드는 상세한 프로그램, 동기를 부여하는 열정적인 강사 등 본질적인 메시지는 크게 다르지 않더라도, 기타 요소들로 인해 돈의 값어치가 되는 서비스를 창조할 수 있다. 그러니 정보와 지식을 아끼지 마라. 아끼다 썩는다.

글쓰기는 자료 수집이
80%이다

한때 "냉장고를 부탁해"라는 예능이 크게 유행했다. 이연복 등 인기 요리사들이 한자리에 모여서, 연예인들의 냉장고에 있는 재료로 요리하고 등수를 매기는 경연 프로다. 사전에 어떤 재료가 있는지 모르는 상황에서, 요리사들은 탁월한 실력과 예리한 감각을 활용해 다채로운 요리를 선보인다. 보기만 해도 침이 꿀떡 넘어가는 음식이 탄생한다.

하지만 세계 1위 요리사를 모셔 왔다고 해도 냉장고에 케첩밖에 없다면 맛있고 다양한 요리를 할 수 있을까? 불가능하다. 식자재가 없다면 백종원도 맛있는 음식을 만들 수 없다. 요리 실력이

돈이 되는 글쓰기

출중해도 재료가 없으면 무용지물이다.

반면, 냉장고에 최고급 한우, 케비어 등 고급 식자재가 그득하다면, 요리 왕초보인 나조차도 맛깔나게 음식을 조리할 수 있다. 최고급 고기는 대충 불판에 지글지글 굽기만 해도 명작이 된다. 요리에서 신선한 식자재가 핵심이듯, 글쓰기도 자료 수집이 80%이다. 좋은 글은 풍부한 글감에서 비롯된다. 그러니 주제를 선정하고 걸맞은 자료를 찾아야 한다. 글쓰기가 요리보다 나은 점도 있다. 식자재는 쓰면 쓸수록 고갈되지만, 뇌에 있는 재료는 사용할수록 풍성해진다. 과거의 지식과 새로운 생각이 유기적으로 결합하면서 창의적인 아이디어로 발전한다.

"글쓰기가 필요한 건 알겠습니다. 그런데 저는 쓸 말이 없는데요?"

글쓰기를 처음 시작하는 사람은 쓸 내용이 없다는 고민을 많이 한다. 우선 그들은 그동안 한 번도 글을 제대로 써보겠다는 결심을 해보지 않았다. 주제 선정도 하지 않았고, 관련된 자료도 없거나, 있어도 머릿속에서 뒤죽박죽으로 엉켜 있을 뿐이다. 좋은 글을 쓰기 위해서는 무엇을 쓸지 정하고, 글감을 평소 틈틈이 누적해야 한다. 글쓰기라는 게임의 성공과 실패는 좋은 자료를 누가 얼마나 많이 모으냐에 달려있어서 자료가 충분하면 그 안에 반드시 길이 있다.

돈이 되는 글쓰기의 핵심은 타인을 설득해서 특정 생각, 감정을 불러일으키고 더 나아가 행동하게 만드는 것이다. 결국 글에 설득력이 갖춰져야 한다. 설득력이 있으려면 주장에 대한 탄탄한 근거 제시가 필요하다. 한 번 봐도 이해가 되는 흡인력 있는 자료를 사용해야 한다. 현실적인 이유로 매번 최상의 자료를 찾지는 못하더라도, 반드시 그렇게 해야 한다는 '인식'과 '실천'은 필수다. 자료를 발췌하고 요약해서 자신만의 생각과 엮어가는 작업이 돈이 되는 글쓰기의 핵심이다.

그렇다면 글감은 어디서 얻을 수 있을까? 글쓰기 재료는 사방팔방에 존재한다. 일상 경험, 학교나 회사생활, 유튜브, 네이버 기사, 책 등 글쓰기 자료는 무한하다. 글을 생산하기로 마음먹으면 모든 게 자료로 다가온다. 하지만 이렇게 말하면, 선택지가 너무 다양해서 선택 장애에 걸릴 수 있다. 게다가 시간은 금이다. 효율적으로 자료를 선별하기 위해서 우선순위를 정해보자.

가장 체계적이고 고급스러운 자료는 책이다. 최고의 재료는 독서에 있다. 독서는 글쓰기의 시작이고, 글쓰기는 독서의 완성이다. 글을 잘 쓰는 사람들은 대부분 독서광이다. 우선 본인이 정한 분야에서 실전 고수들이 쓴 책 10권을 보고 핵심 내용을 완전히 내면화하자. 내면화란 근본이 되는 철학이나 지식을, 자다가 깨도 바로 이야기할 정도로 숙지한 상태를 일컫는다. 그뿐만 아니라 언제 어디서라도 해당 철학에 따라서 행동할 수 있는 단계를 말한다. 아직 전문적인 역량이 부족해도 업계 최고의 철학을 완전히 습득하고 행동해야 한계를 뚫고 성장할 수 있다. 지식의 뼈대가 탄탄해야, 그 위에 살이 붙는다.

이때 주의할 점이 있다. 책에서 모든 부분이 똑같이 중요한 것은 아니다. 한 글자도 놓치지 않으려고 집착할 필요가 없다. 반드시 핵심 위주로 파악하라. 파레토의 법칙을 아는가? 파레토 법칙은 '80 대 20 법칙'이라고 부르고, 노력이나 원인 등 소수 부분이 대부분 성과와 결과를 만들어 낸다는 뜻이다. 예를 들어, 기업 이익 80%는 20% 영업 사원에 의해 발생하고, 제품 매출 80%는 20% 물건에서 나온다는 의미다. 파레토의 법칙은 지식의 세계에서도 마찬가지다. 한 권의 책에서 핵심은 소수다. 실전 고수가 쓴 책을 최소한 10권 읽고, 핵심 지식을 요약하라.

만약 지금 당장 자신의 분야와 완벽히 어울리는 책이 없다고 해도 괜찮다. 본인 분야에 도움이 되는 영업, 사업, 세일즈, 화술, 심리학 등 관련 책을 봐도 좋다. 어차피 모든 일은 연결되어 있다. 본질은 유사하다. 가급적 본인 분야 실전 고수가 쓴 책부터 보면 좋지만, 없다면 관련 도서를 통해서 자료를 구하자. 책을 읽다 보면 가슴을 울리는 철학과 지식을 분명히 만나게 된다. "이것을 남들에게 꼭 알려주고 싶다." 이런 강렬한 느낌이 자료 수집의 근거다. 그리고 여러 책에서 공통으로 강조하는 내용이 있다면, 그것들을 머릿속에서 체계적으로 정리해야 한다. 자기계발 시장에 있어 보면, 강사들이 하나 같이 입을 모아서 하는 얘기가 있다. 결국 사람들의 질문은 반복된다는 것이다. 사람들은 각자 엄청 다르게 살아가는 것처럼 보이지만, 실제로는 비슷한 문제를 갖고 있다. 그러니 몇 가지 문제에 대해 확실한 해결책을 갖추는 게 중요하다. 거기에 맞는 자료를 열심히 찾아 두자.

결론은 다른 사람이 축적해 놓은 지식을 적극 활용하라. 맨땅에 헤딩하지 말고, 당장 거인의 어깨 위에서 세상을 바라보자. 10권을 전부 읽고 글을 쓰는 게 아니라, 1권씩 읽으면서 글을 써보자. 글을 쓰기 위해 서 기다려야 할 필요가 없다. 지금 당장 시작하자. 10권은 단지 글쓰기의 출발을 의미한다. 일단 이것부터 실

돈이 되는 글쓰기

행하고 다음에 더 많은 자료를 찾기를 바란다.

일상에서 자료를 수집하는 방법도 있다. 바로 메모다. 필자는 이번 책을 집필하면서 아이디어가 떠 오를 때마다, 종이나 카카오톡 내게 쓰기로 단상을 계속 남겼다. 좋은지 나쁜지 판단하지 않고, 그냥 적어 두었다. 그리고 책을 쓸 때, 작성한 메모를 보면서 정리했다. 이렇게 메모를 쌓아 두면 집필하는 시간도 단축된다. 블로그에 자기 아이디어를 차곡차곡 쌓아 두어도 된다. 수준 높은 한 편의 완성 된 글이 아니어도, 생각의 흐름이라도 적는 것이다.

가끔 문장력이 형편없지만, 독자들을 자석처럼 끌어당기는 책이 있다. 콘텐츠가 너무 훌륭하고, 중심을 이루는 자료가 일류이기 때문이다. 당신의 주장을 뒷받침하는 근거를 찾아보자.

독서는 글쓰기의 시작이고,
글쓰기는 독서의 완성이다

　　　　　　　　책은 글쓰기의 고급 재료를 획득하는 최고의 도구다. 과거와 달리 요즘은 책에 대한 접근성이 좋아졌다. 동네마다 대형 서점이 있고, 온라인서점에서도 쉽게 구매할 수 있다. 책을 접할 기회가 많아졌지만, 안타깝게도 대한민국 성인 절반 이상은 1년에 한 권도 읽지 않는다. 책을 전혀 읽지 않는 사람과 많이 읽는 사람으로 양극화되어 있다. 두 집단 간의 지식 격차는 시간의 흐름 속에서 점점 커질 것이다.

　당신이 이미 책을 읽고 있다면 이건 좋은 소식이고 아니라면 나쁜 소식일 것이다. 괜찮다. 지금부터 읽으면 된다. 독서하기에 늦은 시기란 없다. 우리 뇌는 신경 가소성이 있기에 처음에는 적응기를 가져야 하지만, 금세 익숙해진다.

책이 글쓰기 재료의 보고(宝庫)인 것은 한 가지 큰 주제에 대해서 보통 40개 목차와 300페이지에 달하는 정보가 응축되어 있기 때문이다. 속된 말로 건질 게 많다. 아주 형편없는 책 일지더라도, 한두 줄 정도 실천할 만한 내용이 있기 마련이다. 최소한 번뜩이는 표현을 배울 수 있다. 또한 책은 한 가지 주제에 대해서 긴 호흡으로 설명하기에, 한 분야에 대해서 전문성을 기르는 데 많은 도움이 된다.

사람들은 책을 '안' 좋아하는 게 아니라 '못' 좋아하는 것이다. 이게 무슨 헛소리냐 할 수 있지만, 독서가 자신에게 어떤 특별한 혜택을 주는지 아직 깨우치지 못했기 때문에 독서하지 않는 것이다. 독서는 재화 창출의 기술이다. 상품, 서비스, 콘텐츠는 모두 지식을 기반으로 하고 있다. 책에는 그런 고급 지식들이 체계적으로 정리되어 있어 독서를 통해 배운 지식을 엮으면 수많은 재화를 창출할 수 있게 된다. 그래서 독서하면 꼭 두 가지 의미의 '쓰기'를 해야 한다. 첫 번째는 글쓰기다. 배운 내용을 글로 써

볼 때, 지식은 머릿속에서 견고해진다. 그리고 온라인에서 오픈할 때, 내가 쓴 글에 대한 피드백을 얻을 수 있다. 두 번째는, 독서에서 배운 지식을 현실에서 '쓰기'이다. 말 그대로 지식을 활용해 보는 것이다.

지식은 쓰고 또 써야 한다. 글로 쓰면 장기기억으로 넘어가서 자기 능력이 되고, 실전에서 검증하면서 지식의 옥석을 가릴 수 있게 된다.

빌 게이츠, 워런 버핏 등 가장 크게 성공한 사람들이 다독가라는 공통점을 보면 이를 쉽게 알 수 있다. 그리고 독서는 성공이 보장된 투자다. 흔히 투자라고 하면 손실에 대한 위험성이 존재하지만, 독서에는 위험성이 거의 없다. 책을 읽어서 두뇌를 근본적으로 업그레이드시키면 평생 막대한 이익을 누리며 살 수 있다.

글쓰기의 철칙 중 하나는 '많이 읽을수록 잘 쓸 수 있다'이다. 글쓰기 실력과 밀접한 관계가 있는 책 읽기, 독서를 어떻게 하면 더 효율적으로 할 수 있는지 이야기해 보겠다.

돈이 되는 글쓰기

처음에 책을 고를 때 제목과 저자 약력을 확인하자. 목차를 읽는 데 시간을 충분히 할애하자. 목차는 책의 뼈대에 해당한다. 여기에 3~5분 정도 시간을 들이면, 책에서 주장하고자 하는 요점들을 예측할 수 있다. 무슨 이야기를 할지 대략적인 감이 잡힌다. 책의 전체적인 구조가 머릿속에 그려진다.

큰 그림을 이해하고 책을 보면 세부 내용이 뼈대에 들러붙는다. 그리고 목차를 보면서 필요한 내용이라는 느낌이 들면, 바로 해당 페이지로 넘어가도 좋다. 보통 성인들의 독서 방식은 한 권을 달달 외우지 않아도 된다. 문제 해결을 위한 핵심 지식을 취득하는 게 목적이다. 필요한 부분만 발췌해서 봐도 좋다. 필자는 가급적 책을 전부 보기를 권장하지만, 꼼꼼하게 보지 않아도 되는 책이 있기 마련이다. 다시 정리하면 목차를 보면서 저자가 주장하고자 하는 말을 추측하는 과정을 꼭 거친다. 이것이 독서의 효율을 비약적으로 높여준다.

책을 처음 읽을 때는 '반드시 이해할 거야'라며 과도하게 힘주지 않는다. 이해되지 않는 부분은 과감하게 넘어간다. 독서는 항상 '인지'에서 '이해'로 간다. 눈에 활자를 노출하는 과정이 인지고, 이를 반복적으로 하면서 '이해'로 전환된다.

책을 능동적으로 읽기 위해서 주요 내용에 줄이나 별표를 치면 좋다. 나는 보통 길을 걸을 때도 항상 책을 보고 있기에, 조금이라도 좋은 느낌이 들면 페이지의 모퉁이를 접는다. 1 회독을 끝낸 책에는 모퉁이가 많이 접혀 있다. 2 회독할 때는 모퉁이 접은 부분만 보고, 핵심 구절에 줄을 친다. 인생에 적용하고 싶은 철학이나 지식이 있다면 별표를 친다. 별표 개수에 따라 중요도가 갈린다. 3 회독할 때는 별표 친 부분만 반복해서 보거나 소리 내어 낭독한다. 그리고 핵심 내용을 내가 스스로 이야기할 수 있는지 점검해야 한다. 이렇게까지 하면 책에서 중요한 내용을 확실히 익힐 수 있다. 위에서 말했듯이 나중에는 고수들이 쓴 책 10권에서 별표 친 부분만 따로 정리하거나 그것들만 보면서 내면화하면 된다.

돈이 되는 글쓰기

글쓰기가 쉬워지는
마법의 5단계 프로세스

"글을 잘 쓰고 싶다면, 마법의 5단계 프로세스를 따라야 한다."

사람들은 마냥 글을 잘 쓰고 싶어 한다. 이런 건전한 욕망은 꼭 필요하지만, 뜬금없이 공상만 해서는 잘 쓸 수 없다. 성공하는 사람과 실패하는 사람 모두 '목표'를 가진다. 실패하는 사람은 전략 없이 충동적으로 행동하다가 망한다. 끝내 성공하는 사람은 대게 결과로 이끄는 올바른 시스템이 존재한다. 기본에 충실하고 합리적인 프로세스를 따라가면 누구나 좋은 글을 쓸 수 있다. 일정한 절차를 밟으면 글은 저절로 생산된다. 사람들에게 긍정적인

영향을 주는 글을 쓰고 싶다면, 마법의 5단계 프로세스를 따라야
한다.

지금은 타계하신 미국의 존 우든 농구 감독은 40년 동안 감독
생활을 했고, 664승 162패로 80%라는 경이적인 승률을 기록했
다. 그가 이끈 UCLA 농구팀은 12년 동안 88연승, 4시즌 연속 무
패 우승, NCAA 챔피언십 10회 우승이라는 금자탑을 세운다. 스
포츠에서 유례없는 독보적 성취를 증명했기에, 종목을 막론하고
미국 역대 스포츠 감독 중 가장 존경받는 인물로 평가받는다.

위대한 성취를 한 존 우든 감독은 첫 미팅 때 선수들을 만나면
무슨 말을 전할까? 격양된 어조로 승리의 철학을 설파할 것 같지
만, 양말 신는 방법부터 직접 보여준다. 그리고 신발 신는 법, 신
발 끈 묶는 법을 가르친다. 처음에는 많은 사람이 이런 존 우든
감독의 방식에 조소를 보냈다. 다 큰 선수한테 하찮은 것만 가르
치는 한심한 방식이라고 여긴 것이다.

하지만 존 우든 감독은 농구를 잘하기 위해 꼭 필요한 수백 개
의 세부 사항을 세심히 정리했고, 그것들을 선수들이 완벽하게
이행하는 데 핵심을 두었다. 예를 들면, 양말을 쫙 펴서 제대로 신
으면 물집이 잡히지 않고, 발이 아프지 않으니 리바운드, 자유투

등을 더 잘하게 된다. 슛과 패스부터 세심하게 선별된 세부 사항들은 전체와 연결되어 있고, '농구 실력 향상'이라는 최종 목표와 유기적으로 결합하여 있다. 코트 위에 뛰고 있는 5명의 선수가 최고의 기량을 선보일 때 승리는 자연스레 따라온다. "우리 팀의 올해 목표는 우승이다." 이렇게 호기롭게 주장하지 않더라도, 승리를 부르는 세부 요소를 파악하고, 프로세스를 가다듬으면 결국 승리를 자연스럽게 따내게 된다.

글쓰기도 마찬가지다. 잘 쓰고 싶다는 욕심만 부리지 말자. 기본기를 탄탄히 다지고 올바른 프로세스를 따라가면 좋은 글을 자연스럽게 쓸 수 있다. 누구나 배울 수 있는 대표적인 글쓰기 구조 하나를 소개하겠다. 150년 역사를 자랑하는 하버드에서 강조하는 PREP이란 글쓰기 방식이다. 주장(Point) → 이유(Reason) → 사례(Example) → 다시 주장(Point again) 순으로 쓰는 방식이다. 글을 선뜻 쓰지 못하는 건 어떤 구조로 써야 할지 감이 오지 않기 때문이다. 돈이 되는 글쓰기는 '설득'이 목적이므로 위 구조를 따라서 쓴다.

붕어빵 틀에 재료를 넣으면 맛있는 붕어빵이 나오듯, 정확하게 틀에 맞춰서 쓰면 목적에 부합하는 알맞은 글이 나온다. 처음에는 하버드에서 강조하는 논리적인 글쓰기 방식부터 마스터하고, 다음 레벨로 넘어가는 걸 추천한다. 글쓰기 틀에 정답은 없다. 목적에 맞게 선택하면 된다. 이 책에 대부분 글도 주장/이유/사례/다시 주장이라는 일련의 틀 안에서 쓰였다. 약간의 변주는 있지만 큰 틀은 변함없다.

다음은 글쓰기 자체의 프로세스를 익혀야 한다. 크게 5가지 절차로 구성되어 있다. 주제 선정 → 자료 수집 → 글 디자인 → 집필 → 퇴고이다. 위 5가지 활동을 반복하면 글이 줄줄이 사탕처럼 뽑힌다. 물론 주제보다 재료가 먼저 확보된 경우가 있다. 양질의 재료를 발견하니 글을 쓰고 싶은 동기가 생기고 주제를 선정하고 집필한다. 맥락에 따라서 주제 선정과 자료 수집은 굳이 단계를 나눌 필요가 없다. 보편적인 상황에 대해 이해를 돕기 위해서 순서를 나열했다고 보면 된다. 사람의 생각은 직선적으로 움직이지 않고, 산발적으로 일어나기 때문이다.

마법의 5단계 프로세스 중 집필에 대한 팁이 있다. 우선 집필에 대한 부담을 줄이기 위해, 글을 쓸 때는 분량을 정해서 연습하자. 네이버 글자 수 세기로 공백 없이 1,500자 이상 써보자. 그리고 되도록 방해받지 않는 장소에서 연속된 몇 시간을 확보하자. 예를 들어, 필자는 한때 최소 3시간을 할애했다. 2~2시간 30분은 1,500자 글을 쓰는 데 할애했으며, 30분~1시간 정도는 퇴고에 썼다. 집필과 퇴고가 끝나고 바로 발행하지 않고, 며칠 후 2차 퇴고를 해서 올렸다.

자투리 시간에 독서는 추천하지만, 자투리 시간에 긴 글을 쓰는 건 그다지 추천하지 않는다. 쓸 수 없다는 게 아니라, 양질의 글을 쓰기 위해서는 덩어리 시간이 필요하기 때문이다. 자투리 시간에는 메모를 추천한다. 빈 종이에 자기 생각을 끄적거리는 것이다.

나는 업무 할 때 빈 종이를 옆에 둔다. 그때그때 떠오르는 생각을 짧게 모아둔다. 이렇게 하면 아이디어가 매끄럽게 정리된다. 혹은 카카오톡에 단상들을 모아둔다. 나중에 한 번만 확인해도 예전에 해온 생각들을 일목요연하게 정리할 수 있다.

절대적인 시간을 확보하고 써야 집중력이 살아난다. 쫓기는 마음 없이 여유롭게 작성할 수 있다. 콘텐츠는 상품이다. 대충 만들어서 내보내는 콘텐츠에 매력을 느낄 사람은 없다. 정성을 쏟아야 한다. 시간이 나지 않으면 한 번에 쓰지 말고, 두 번으로 나눠서 집필해 보자. 예를 들어, 오늘 1시간 작성하고, 내일 나머지 1시간을 작성하자. 이렇게 한 번에 몇 시간을 쓰겠다고 미리 정해 놓고 써도 좋다.

현장에서 바쁠 때는 요청에 따라 글을 쓰고 바로 퇴고에 들어가야 한다. 주제는 이미 선정되어 있고, 자료 찾는 시간이 따로 없을 수 있다. 하지만 아무리 바쁘더라도 머릿속에서 자료를 고민하는 과정을 거치자. 그러면 글의 질적인 수준이 쑥 올라간다.

아무리 시급해도 초고를 올리는 실수를 범해서는 안 된다. 적어도 한두 번 빠르게 고쳐야 한다. 나는 짧은 업무용 문자도 바로 보내지 않는다. 카카오톡에서 나에게 문자를 보낸다. 해당 글이 목적에 맞는지, 간결한지, 군더더기는 없는지, 남들을 설득할 수 있는지 등을 짧은 시간이라도 판단한다. 이렇게 하면 사소한 실수가 줄어든다. 무슨 일을 하든지 신뢰가 간다는 인상을 심어줄 수 있다. 항상 의식적으로 노력을 기울인다면, 누구나 글쓰기 능력이 향상될 수 있다. 내가 이 책에서 말하는 모든 철학과 지식은 실제로 글을 쓸 때 활용하고 있다.

주제 선정 → 자료 수집 → 글 디자인 → 집필 → 퇴고, 글쓰기
가 쉬워지는 마법의 5단계 프로세스를 항상 머릿속에 각인시
키자.

메시지의 질을 유지한 채,
중학생도 이해할 수 있게 간결하게 써라

'terrible, good, bad, great' 여기서 모르는 영어 단어가 있는가? 대한민국에서 중학교만 졸업해도 이 정도 단어를 배우게 된다. 한때 이런 쉬운 영어를 애용하는 대통령이 있었다. 도널드 트럼프다. 그가 대통령 후보일 때, 자주 쓰는 말과 글의 난이도를 '플레시-킹케이드'(Flesch-Kincaid)라는 기법으로 측정했더니, 당시 모든 대통령 후보 중에서 가장 쉬운 어휘를 사용했다.

그는 "We will have a great, great country, better than before"(우리는 그 어느 때보다 위대한 나라를 가지게 될 것이다) 라는

돈이 되는 글쓰기

표현을 써서 말했다. 그는 미국 초등학생도 알아들을 수 있는 수준의 언어를 구사했다. 반면에 다른 후보들은 중학생 혹은 고등학생이 되어야 이해할 수 있는 어휘를 활용했다. 누군가는 이런 이유로 도널드 트럼프가 교양이 떨어진다고 폄훼할 수 있다. 하지만 명확하게 의사를 전달한다는 장점으로 그는 승자의 반열에 올랐다.

당신은 왜 말하고 글을 쓰는가? 결국 남들을 이해시키기 위해서다. 그렇다면 남들을 이해시키기 위해서 사전에 전략을 짜본 적이 있는가? 나는 어떻게 하면 다른 사람을 쉽게 이해할 수 있을지 항상 고민한다. 설명하다가 다른 사람이 못 알아듣는 경우, 더 쉬운 방식으로 접근한다.

돈이 되는 글쓰기도 마찬가지다. 중학생도 이해할 수 있게 간결하게 써야 한다. 전개조건은 메시지의 깊이 낮추기 않고, 글만 이해하기 쉽게 쓰는 거다. 일부 사람들은 간결하게 쓰라고 하면 초등학생처럼 쓰는 실수를 저지른다. 알맹이가 없는 글은 무의미하다. 아무리 쉬워도 핵심이 없으면 무용지물이다. 전문지식을 쉽게 풀어줄 수 있어야 전문가지. 어쩔 TV, 저쩔 냉장고 하며 아무 말이나 남발하면 초등학생 수준밖에 되지 않는다. 그러니 이 한 줄을 꼭 기억하자.

"메시지의 질을 유지한 채, 중학생도 이해할 수 있게 간결하게 쓰자."

왜 남들이 이해할 수 있게, 쉽게 써야 할까? 인간의 변하지 않는 특성을 통해 그 이유를 알아보자. 인간은 인지적 구두쇠다. 두뇌 무게는 체중 2%밖에 차지하지 않지만, 전체 열량 20%를 소비한다.

사람들은 생각을 깊게 하면서 에너지를 낭비하고 싶어 하지 않는 경향이 있다. 생각은 인지적 노동이다. 고로 당신의 콘텐츠가 골머리를 아프게 하고, 지적 유희도 제공하지 못하면 살아남을 확률은 전혀 없다.

게다가 인간의 집중력은 날로 약해지고 있다. 스마트폰 탄생을 기점으로 인간의 집중력은 한없이 파편화되고 있다. 하루 평균 스마트폰을 2,600번 이상 만지고, 10분마다 한 번씩 켜본다는 연구 결과도 있을 정도다. 이쯤 되면 인지적 구두쇠가 아니라 인지적 거지다.

　돈이 되는 글쓰기

유튜브에 올라온 영상도 이제 몇 초만 보고 냉큼 꺼버리는데, 영상이나 음향같이 강렬한 자극이 없는 글은 오죽 할까. 글쓰기에서 간결함을 최고의 미덕으로 삼아야 한다. 유익함과 재미는 노력과 센스가 필요하지만, 간결함은 주의만 기울이면 언제든지 달성할 수 있다.

이제는 작디작은 스마트폰으로 활자를 읽는 시대다. 미간만 살짝 찡그려도 당신의 글은 넘어가 버린다. 조금의 망설임도 없다. 돈이 되는 글쓰기는 반드시 남들이 이해하기 쉽게 써야 한다. 중학생도 이해할 수 있게 간결하게 써라. 괜히 유식한 척하지 말라. 남들이 이해할 수 없다면 말짱 도루묵이다. 제대로 설명할 수 없는 말은 삼가라.

"유시민의 글쓰기 특강"에서 나온 예문 한 편을 살펴보자.

"우리의 역사 속에서 미학적 선위와 징치적 선위가 중첩되는 과정에서 실패로 돌아간 미학적 전위운동을 찾아낸다. 그러나 그 실패가 미학과 정치가 만나서 필연적으로 미학의 자율성이 상실되었기 때문일까? 미학적 전위가 치안의 운동으로 전락하거나 그것에 포획된 것은 아닐까? 정치와의 만남 없이도 실패한 미학적 운동들, 또는 정치와의 만남이 없어서 실패한 미학적 운동들이

존재한다. 그런데도 우리가 너무 쉽게 정치는 항상 미학적인 것
을 훼손한다고 결론짓는 것은 치안과 정치를 동일시하고 순수모
더니즘의 미적 자율성과 예술적 경험의 자율성을 동일시하는 습
관 때문이다. 또한 미학을 미학적 자율성과 미학적 타율성 중 어
느 하나와만 동일시하는 습관 때문이다. 이러한 습관은 김수영의
말대로 대부분 냉소로부터 나오는 것이다."

윗글은 '문학의 아토포스'에서 발췌한 내용이다. 진은영 작가
는 시집을 여러 권 출간했다. 문예비평도 한다. 하지만 비평하는
내용이 무엇인지 쉽사리 이해되지 않는다. 여러 방식의 글이 있
고 위와 같은 글이 필요할 때도 있다. 하지만 돈이 되는 글쓰기를
하려면 이런 글은 피해야 한다. 사람들은 복잡한 글을 느긋하게
읽어주지 않는다. 반드시 다른 사람이 이해할 수 있게 써야 한다.
내가 쓴 글을 남들이 이해하지 못하면, 자기 책임이라고 생각하
고 다른 방법을 구상하자.

핵심은 메시지의 질은 유치한 채, 쉬운 언어로 바꾸기다. 여기
서 전달하려는 가치는 무조건 보존해야 한다. 남들이 이해할 수
있게 간결하게 쓰려는 의도가 무의식에 완전히 장착되어야 한다.
이 철학이 한 사람의 몸값을 크게 바꿀 것이라고 확신한다.

전문 용어를 쓰지 말라는 이야기는 아니다. 전문 용어를 쓰더라도, 전후 맥락을 고려해서 완전히 이해될 수 있게 충분히 설명해야 한다. 돈이 되는 글을 쓰기 위해서 상대를 최대한 친절히 배려해야 한다. 독자가 당신의 글을 읽고, 생각이 전환되고 행동하면 글쓰기의 목적을 달성한 것이다.

필자의 고객이었던 변호사님이 작성한 글 한 편을 소개하겠다. "오늘은 고소당했을 때, 어떻게 해야 하는지 세 가지 관점에서 이야기해 보겠습니다. 고소라는 것은 누군가가 나를 처벌해달라고, 수사기관에 가서 고소장을 접수하는 것을 일반적으로 말합니다. 우리나라 사법 체계에 따르면, 고소하면 무조건 입건이 됩니다. 입건이라는 말은 사건화해서 경찰이 무조건 수사해야 한다는 뜻입니다."

변호사님은 서두에 신실하게 '고소'와 '입건'의 정확한 뜻을 설명하고 있다. 이제 사람들은 고소와 입건의 정확한 의미를 알고, 남은 내용을 쉽게 파악하게 된다. 하지만 나와 타인이 같은 단어를 사용했다고 의미가 통했다고 착각하지 말자. 사람은 각자 다른 정의로 어휘를 활용한다. 특정 어휘에 대해 본인만의 정의가 있다면 글에서 표현해야 한다. 가령 필자는 부자라는 단어를 쓸 때 자유(freedom), 건강(fitness), 가정(family)이 충족되어 행복한 사람만을 일컫는다. 내가 쓰는 부자와 남들이 말하는 부자는 정의부터 다르기에, 본인이 특정 단어를 쓸 때 어떤 생각을 하는지 분명하게 나타내야 한다. 사람은 절대로 국어사전에 나온 사전적 정의만으로 타인과 의사소통하지 않는다.

TV에 자주 보이는 전문가들을 기억해 보자. 설민석 씨는 TV에 자주 출연해서 역사 강의로 열광적인 반응을 끌어냈다. 어떻게 그럴 수 있었을까? 남들이 이해하기 쉽고 재미있게 설명했기 때문이다. 그보다 뛰어난 역사 지식을 갖춘 사람도 있을 것이다. 하지만 대중은 전달력이 남다른 전문가를 선호한다. 대중은 쉽고 재미있는 것을 원한다. 대중이 원하는 전문가가 되려면 자신이 갖추고 있는 전문지식을 남들이 소화하기 좋게 잘라서 제공해야 한다.

그러니 꼭 기억하자! 메시지의 질을 유지한 채, 중학생도 이해할 수 있게 간결하게 써라.

돈이 되는 글쓰기

보기 좋은 글이
읽기도 좋다

　　　　　　　　　　우리는 "바쁘다 바빠 현대 사회"
에 살고 있다. 타인과 진솔한 관계가 적어지고 있다. SNS를 통해
서 방대한 네트워크를 구성하며 연결되어 사는 것처럼 보이지만,
한 사람을 진득하게 알아가고 싶어 교류하는 시간은 적어졌다.
깊이 있는 만남보다 잠깐 스쳐 가는 방식이 주를 이루고 있어서,
인간관계에서 첫인상이 더더욱 중요하다.

　첫인상을 좌우하는 것은 무엇일까? 톡 까놓고 이야기해서 외
모다. 예쁘고 잘생기지 않았더라도, 깔끔하게 정돈된 외모는 상대
에게 신뢰감을 준다. 그 사람의 이야기를 듣게 만드는 첫 번째 단

추다. 하지만 그 사람의 가치관과 철학은 보이지 않는다. 한 사람을 오래 만나다 보면 첫인상이 주는 효과는 점점 줄어든다.

돈이 되는 글쓰기에서 내용은 핵심이다. 타인의 문제를 해결하는 생각을 포함해야 한다. 사람들이 내가 쓴 글을 읽고 행동하게 만들어야 한다. 여기까지 해냈다면 매우 성공적이다. 하지만 한 가지 간과하지 말아야 할 점이 있다. 글은 눈에 보기에도 편해야 한다. 요즘에는 모바일로 글을 읽는 사람이 많다. 같은 글도 지면과 PC, 모바일에서는 각기 다른 모습으로 나타난다. 내가 올리는 플랫폼의 특성을 파악하고, 거기에 맞는 최적의 디자인으로 글을 써야 한다. 온라인에 노출하는 경우, 대게 모바일로 읽기에, 글을 완성하고 레이아웃을 수정할 필요가 있다.

일전에 이상한 폰트로 쓴 글을 본 적 있다. 내용은 훌륭했는데, 눈이 너무 피곤해서 1초도 더 이상 보기 싫어졌다. 아무리 좋은 내용을 담고 있어도 형식이 무너지면 안 된다. 무조건 보기에 편한 글을 써야 한다. PC로 작성해서 글을 올리는 경우, 아무래도 모바일로 보면 의도했던 대로 표현되지 않을 때가 있다. 이때는 글의 디자인을 전체적으로 수정해서 모바일 최적화를 하는 것이

옳다. 보기 좋은 글이 읽기도 좋다.

잘 쓴 글들의 공통점은 언제나 타인을 배려한다. 누군가 내 글을 봤을 때 어떤 생각이 들까? 어떻게 볼까? 이런 점을 끊임없이 상상하며, 글을 다듬는다. 처음에는 어설펐던 글도, 이런 수정의 과정을 거치면서 점점 더 볼만해진다. 대부분 사람이 온갖 자극에 휩싸여서 피곤해한다는 사실을 이해한다면, 조금이라도 더 편하게 볼 수 있게 쓰게 된다.

보기 편한 글을 써야 하는 이유는 간단하다. 돈이 되는 글을 쓰는 목적이 단순히 자기 생각을 끄적거리기 위함이 아니기 때문이다. 물론 자기 생각을 정리하기 위해서 글을 쓸 필요도 있다. 나역시 블로그는 '물류 창고' 같은 용도로 활용한다. 그곳에 나의 단상을 빼곡히 축적한 후 거기에 쌓인 메모들을 2차, 3차 가공해서 작품을 창조한다.

돈이 되는 글쓰기의 핵심은, 남들에게 영향력을 행사하는 것이다. 글쓰기의 주체는 '나'지만, 글의 주인은 독자다. 언제나 그들을 최우선으로 염두에 둬야 한다. 자기만족형, 에고를 채우기 위한 글쓰기는 경계할 필요가 있다. 필자가 한때 운영한 온라인 카페에 유명한 사람이 있었다. 그는 마치 카페 활동에 전부를 건듯

활발히 활동했다. 짧은 기간 동안 330개가 넘는 글을 양산했고, 글의 수준도 꽤 높았다. 나는 그를 좋아했고 존중했다. 하지만 그가 쓴 글은 독자를 전혀 염두에 두지 않았다. 제목부터 내용까지 오직 자신이 배운 내용을 나열하는 것에 지나지 않았다. 가끔 눈부신 인사이트가 있었지만, 누군가에게 영향력을 미치려는 의도가 보이지 않았다. 글은 읽기 어려웠고 현학적이어서, 전혀 피부로 와닿지 않았다. 본인이 아무리 박학다식하더라도, 독자의 심리를 먼저 생각하지 않으면 좋은 글은 나오지 않는다.

우리는 글을 쓸 때 언제나 독자를 염두에 둬야 한다.
"내가 이렇게 쓰면 상대는 어떻게 이해할까?"
"내가 이렇게 쓰면 상대가 보기가 편할까?"
"이 말을 하면 어떻게 반응하지?"

이런 질문을 던지며 글을 써내려 가야 한다. 그럴 때 사람들의 마음을 뒤흔들 수 있는 작품이 탄생한다. 물론 의도한 대로 쓰더라도, 언제나 목적을 달성할 수 있는 건 아니다. 하지만 의도조차 없이, 마음 가는 대로 휘갈겨 쓴다면 목적은 절대 달성할 수 없다. 여기서 오해하지 말아야 할 게, 글쓰기는 두 가지 단계가 있다. 일단 글을 써서 생각을 정리하고 지식을 축적하는 단계, 그리고 돈이 되는 글쓰기다. 돈이 되는 글쓰기의 한 가지 방법은 상세 페이지 등을 작성해 거래를 일으키는 것이다.

이렇게 뚜렷한 목적성을 가진 글은 반드시 독자를 100% 고려해야 한다. 독자를 고려한 글이 독자에게 사랑을 듬뿍 받음을 항상 기억하자.

3장

글쓰기 부담감을
제로로 만드는 방법

레고 블록처럼
손에 잡히는 것부터 써라

일정한 수준의 글을 쓰려면, 고정된 프로세스를 따르는 게 좋다. 내가 추천하는 글쓰기 구조는 150년 된 하버드에서 강조하는 PREP 기법이다.

주장(Point) → 이유(reason) → 사례(example) → 다시 주장(Point again).

이걸 한 번 더 압축하면 주장+근거가 된다. 좋은 말과 글에는 주장에 대한 근거가 반드시 포함된다. 이것만 염두에 두더라도

돈이 되는 글쓰기

괜찮은 글을 쓸 수 있다. 붕어빵틀이 있다면, 거기에 무엇을 넣어도 붕어빵 모양이 갖춰진다. 글의 구조를 갖추고 쓰면, 꼭 필요한 요소를 모두 챙겨갈 수 있다.

글의 구조를 알아도, 막상 어디서부터 착수할지 막막할 때가 있다. 하얀 백지에 무언가를 쓰기 시작할 때 생기는 부담이 있다. 첫 줄부터 써야 한다는 무언의 압박감이 있다. 하지만 제목에 사활을 걸고, 첫 줄부터 독자의 마음을 사로잡아야 한다는 말을 들었기에 괜히 어깨에 힘이 들어간다. 갈팡질팡하고 고민만 하면서 시간이 흘러간다. 글은 무조건 첫 줄부터 써야 하고, 반드시 강력한 효과가 있어야 한다는 고정관념이 있다면, 막상 진도를 나가기 힘들다. 글을 쓸 때는 가볍게 생각나는 내용부터 써내려 가자. 퇴고할 때 아름답게 수정할 수 있다.

생각은 직선처럼 선형적으로 진행되지 않고, 비선형적으로 나온다. 생각은 체계적으로 나지 않고, 산발적으로 난다. 그것을 의식적으로 갈무리할 뿐이다. 글도 딱딱하게 기승전결 순서대로 쓸 필요가 없다. 최종 그림을 어렴풋이 간직하더라도, 지금 '당장'은 쓰고 싶은 것, 쓸 수 있는 내용부터 쓰면 된다.

예를 들어, 나의 경우 좋은 사례가 있으면, 사례부터 상세하게 작성할 때도 있다. 어디서 어떻게 쓰일지는 모르지만, 사례를 정리해 두면 그 위와 아래로 채우고 싶은 내용이 수면 위로 떠오른다. 그러면 그것을 보충해 주는 내용을 적고, 나중에 전체 내용을 파악하고 문단끼리 유기적으로 결합하자. 물론 처음 생각대로 진행되지 않을 때가 있다. 앞뒤 순서가 통째로 바뀌기도 한다. 그런 것에 개의치 말고, 글을 끝까지 써내려 가는 게 필요하다.

컵에 물을 콸콸 따르면 언젠가 넘치듯이, 생각이 용솟음칠 때가 있다. 그래서 또 하나의 방법은 자료를 충분히 찾아서 쓰고 싶은 욕구가 올라오면, 생각의 흐름에 맡기는 것도 요령이다. 생각이 흘러가는 리듬에 맞춰서 글을 쓰면, 힘들이지 않고 시작할 수 있다.

어릴 때 레고로 놀아본 적이 있는가? 필자는 어릴 때 엄마를 한 달간 졸라서 '사자왕'이라는 레고를 구매했다. 10만 원 정도였던 걸로 기억난다. 초등학생에게는 고가의 장난감이었다. 막상 사놓고 어떻게 만드는지 몰라서 발을 동동 굴렀다. 동네 형이 도와줘서 필자는 수많은 부품이 거대한 사자의 성으로 커가는 모습을 보며 행복했다.

레고의 매력은 작은 부품을 결합해서 매력적인 구조물을 만드는 데 있다. 매뉴얼이 있지만, 어디서부터 만들지는 각자 정하면 된다. 언제든지 결합이나 분리할 수 있어 망친다는 개념이 아예 존재하지 않는다. 글도 마찬가지다. 어디서부터 써도 되고, 어울리지 않으면 순서를 바꾸거나, 지워버릴 수도 있다. 글은 자기 생각을 온전히 표현하기 위한 도구이지, 그 이상도 이하도 아니다.

독창적인 아이디어가 있다면 참신한 것도 창조할 수 있다. 글도 마찬가지로 레고처럼 쉽게 결합하고 분리할 수 있다. 특정 아이디어를 글로 표현할 때 처음, 중간, 마지막 어디에도 유기적으로 결합할 수 있다. 반드시 처음부터 써야 할 필요가 없다. 글쓰기를 유연하게 바라보자.

이 책은 당신이 글쓰기를 오늘이라도 시작하는 데 목적이 있다. 사실 가장 좋은 건 지금 당장 블로그에 오늘 배운 지식을 적어 보는 것이다. 이 책에서 다루는 글쓰기 관련 지식을 하나라도 적용하면 된다. 굳이 모든 걸 통달하고 적용하려고 무게감을 지울 필요가 없다. 가볍게 시작하면 그만이다. 필자 역시 이 책을 쓰게 된 계기는 간단하다. 170편이 넘는 글이 쌓였고, 그것들을 하나의 책으로 엮어서 출간하고 싶다는 열망 때문이었다. 매일 써 내려간 글들이 나에게 힘을 주어서, 글쓰기에 대한 불필요한 부담을 덜 수 있었다. 어디서부터 어떻게 써야 하는지 사실 많이 고민할 필요가 없다. 일단 글을 쓰면, 그것이 작은 덩어리가 되어서 더 멀리 더 높게 볼 수 있는 시야를 제공한다. 그러니 써보자. 특히 아직 글쓰기에 부담이 있다면 더더욱 지금 당장 써야 한다.

직업의 단계에서 남들에게 날카롭게 검증받아야 한다면 글에 대한 질적인 수준과 요구치가 높아진다. 하지만 그게 아니라, 아직 글쓰기를 통해 역량을 개발하는 단계라면 가볍게 시작하자. 레고처럼 하나의 블록을 정성스럽게 쌓아간다면 결국 자신만의 지식 체계를 갖출 수 있을 것이다.

돈이 되는 글쓰기

핵심을 집요할 정도로
반복하라

돈이 되는 글쓰기는 '설득'에 초점이 맞춰져 있다. 읽는 사람을 내가 의도한 대로 행동하게 만드는 것이 돈이 되는 글쓰기의 목적이다. 하지만 사람은 쉽게 설득되지 않는다. 한두 번 이야기했다고 듣지 않는다. 사람을 움직이려면 핵심 내용과 키워드를 반복해야 한다. '경영의 신' 잭 웰치(Jack Welch)는 '리더가 회사의 비전을 700번은 반복해야 조직원이 움직인다'라고 강조한다. 자그마치 700번이다. 처음 이 수치를 들었을 때는 무슨 헛소리 하나 싶었다. 하지만 곰곰이 생각해 보면 나도 다른 사람에게 쉽게 설득되지 않는다. 한두 번 말했다고 관심을 보이지 않는다.

남을 설득한다는 것은 그에게 편하고 익숙한 장소에서 벗어나는 것인데 당연히 그만큼 공을 들여야 할 것이다. 돈이 되는 글쓰기는 상대를 설득하고 내 생각을 관철하는 데 목적이 있다. 심심하니까 소일거리로 쓰자는 게 아니다. 그러니 반드시 '핵심'이 되는 내용을 반복해야 한다.

한 편의 글에서도 주요 키워드가 반복되어야 하지만, 콘텐츠 자체도 자주 발행해야 한다. 나에게는 닳고 닳은 이야기일지라도, 누군가는 처음 듣는 이야기일 수 있다. 단지 내가 질렸다는 이유로 대충 말한다면 어떻게 남을 설득할 수 있을까? 나에겐 진부해진 이야기 일지라도 열과 성을 다해서 쓰고 말해야 한다. 인터넷이라는 망망대해에서, 내가 쓴 글이 우연히 목표 대상에게 도달할 확률이 얼마나 될까? 최대한 목표를 예리하게 잡아도 어려운데, 우연에 기댄다면 거의 도달하지 못할 수 있다. 나의 목표 대상을 명확하게 하고, 그들이 귀 기울일 수 있게 반복 노출해야 한다. 노출할수록 사람들이 주장을 받아들일 확률이 높아진다.

또한 누군가가 나를 인지하고 주장에 동의했다고, 한 번에 광팬이 되거나 내가 파는 물건을 구매하지 않는다. 그들은 언제나 관망하는 태도를 보인다. "괜찮긴 한데 그래도 지켜보자." 이런 자세를 취한다. 그래서 꾸준히 나를 노출하는 노력이 필요하다. 한 고객은 어느 강사를 2년 전에 처음 봤는데, 진짜 실력자인지 사기꾼인지 몰라서 계속 지켜만 봤다고 한다. 고객이 상품과 서비스를 인지하고 구매까지 2년이라는 시간이 걸린 것이다.

세일즈의 대가인 조 지라드(Joe Girard)에 대한 이야기를 들어보자. 세계에서 가장 위대한 세일즈맨으로 기네스북에 오른 그는 1963년과 1978년 사이, 15년 동안 GM의 쉐보레 딜러로 일하면서 1만 3,000대가 넘는 자동차를 팔았다. 거의 하루 평균 2대를 판매했다. 그의 성공 비결 중 하나는, 고객들과 끊임없이 연락을 취했다는 점이다. 그는 고객 명부에 있는 모든 사람에게 1년에 12번의 안부 편지를 보냈다.

그러니 지금 당장 차를 구매하지 않을 사람도, 차를 구매할 일이 생겼을 때 첫 번째로 그를 떠올렸을 것이다. 그가 자동차 영업을 시작한 지 10년이 되었을 때, 그에게 차를 사는 사람들 절반 이상이 재구매하는 고객이었다. 정성 어린 반복 노출이 호감을 부른 것이다.

우리는 농부의 마음으로 글을 쓰고 상대방에게 미리 가치를 제공해야 한다. 신뢰라는 열매를 맺기까지 기다릴 줄 알아야 한다. 글쓰기를 통해서 내가 특정 분야의 전문가임을 지속해서 알릴 때, 사람들은 당신의 활동에 귀 기울일 것이다. 그제야 비즈니스가 이뤄질 수 있다. 영업 사원 90%는 핵심 고객을 4번 이상 만나지 못하고 포기한다. 그 이상 노력할 수 있는 자들이 수익의 전부를 가져가게 된다. 글쓰기도 다르지 않다. 지속해서 노출하면서 먼저 남들에게 가치를 창출해야 한다. 보상의 수레는 천천히 돌기 때문이다.

현실적인 상황을 말하면, 독자들은 당신이 쓴 문장을 대충 읽는다. 대충 훑어보고 뒹굴뒹굴하면서 보는 사람도 있다. 내 글이 소중하게 읽히리라는 것은 자신만의 착각일지 모른다.

요즘 사람들의 집중력은 현저하게 떨어져 있다. 그러니 한 편의 글에서 핵심을 한 곳에만 남겨놓았다면, 산만한 사람이 핵심을 이해할 확률이 하락한다. 당신의 생각을 독자의 머릿속에 선명하게 각인하려면 '반복'이 핵심이다. 다른 것은 전부 잊어도 이것만은 알아야 한다는 내용을 집요하게 언급하라. 사회심리학자 윌슨의 실험에 따르면 민사재판에서 변호사가 '피고는 무죄'라는 말을 한 번만 했을 때보다 세 번 반복할 때 설득력이 무려 46%나 높아진다고 말한다.

우리는 흔히 중요한 것을 3번 언급한다고 한다. 이 말은 일리가 있다. 핵심 문구는 기·승·전·결 어디에나 노출되어야 한다. 같은 표현으로 써도 괜찮겠지만 질릴 수가 있기에 다양한 방식으로 핵심을 노출하자. 무의식은 반복을 통해서 영향을 받는다. 상대의 무의식에 침투하지 못하면, 당신의 메시지는 무용지물이 된다.

핵심을 반복하는 게 왜 중요한지 보여주는 특별한 이야기가 있다. 일본에는 아키야마 리키라는 가구 장인이 운영하는 아키야마 목공소가 있다. 이미 창업한 지 50년이 넘었다. 2013년 기준으로 직원 34명, 연 매출 100억을 했고, 지금은 약 200억 정도 하고 있다고 한다. 아키야마 목공소가 최고 품질 가구를 생산하자 일본 내에서 굉장히 유명해졌고, 아키야마는 각계각층이 찾는 유명 목공소가 되었다. 많은 사람이 아키야마 목공소를 주목했던 다른 이유는 8년 동안 장인을 키워내는 독특한 육성 제도 덕분이었다. 아키야마가 길러낸 최고의 인재들이 일본 전역에서 맹활약을 펼쳤다.

아키야마 목공소에 있는 사람들은 매일 조회한다. 다들 함께 모여서 당일 업무에 관한 이야기를 나누고, 장인이 꼭 알아야 할

30가지 수칙을 큰 소리로 외친다. 아키야마 리키가 최상의 정신력을 갖춘 장인을 육성하기 위해 엄선한 30개 수칙인데 내용은 의외로 평범하다.

'인사를 잘하자.' '책임감 있는 사람이 되자.' '청소를 잘하자.' '시간 약속을 철저히 지키자.' '언제라도 도구를 사용할 수 있게 준비하자'와 같이 언뜻 보면 지나치게 상식적인 내용으로 구성되어 있다. 아키야마 목공소에 들어오면 매일 아침 장인이 지켜야 하는 30개 수칙을 낭독해야 한다. 휴일을 제외하고 1년이면 약 360번 외치는 셈이다. 8년 동안 2,800번 이상 자기 최면을 한다는 뜻이다. 아키야마는 일류 장인 1명을 육성하기 위해서, 8년 동안 자기 암시를 외치게 한다. 무의식에 최고의 생각을 넣을 수 있다면 사람은 반드시 변하게 된다. 한 사람을 장인으로 만들기 위해서 8년 동안 반복되는 자기 암시가 필요했다. 사람의 마음을 움직일 때 반복되는 이야기가 얼마나 중요한지 알 수 있다.

돈이 되는 글쓰기를 해서 다른 사람을 돕고 그들의 삶을 변화시켜야 한다. 한 편의 글에서 핵심은 반복되어야 하고, 콘텐츠도 꾸준하게 노출되어야 한다. 그제야 사람들의 마음은 움직이기 시작한다.

초고는 토하듯이
써 내려가라

글쓰기 주제를 선정했고 재료도
찾았다. 그런데 막상 컴퓨터 앞에 앉으니, 어디서부터 어떻게 시
작할지 답답하다. "과연 내가 좋은 글을 쓸 수 있을까?", "이런 글
을 쓸 자격이 있나?" 내면의 비판자가 슬그머니 고개를 든다. 이
차피 완벽하게 하지도 못할 거 시작도 하지 말라는 악마의 목소
리가 들려온다. 이럴 때 기억해야 할 말이 있다. 완수가 완벽보다
낫다. 일을 착수하면, 끝까지 종결하는 게, 완벽하게 해야 한다는
압박감에 시달리며 시작도 못 하는 것보다 100배는 낫다. 그러니
시작을 가로막는 자기 검열의 함정에서 벗어나자. 초고를 작성할

때는 세상 누구도 건드릴 수 없는 무소불위 국왕의 철없는 자녀가 되어라. 기분 내키는 대로 마음껏 쓰자. 충성심이 넘치는 고위 관리가 아무리 옳은 말을 해도, 철없는 왕자, 공주의 심기를 건드리면 목숨이 날아간다. 그처럼 초고를 쓸 때 내면의 비평가들이 잔소리 절대 못 하게 경고하라.

"너! 내 심기를 불편하게 하면 1초 만에 아웃이야."

공포 소설의 거장 스티븐 킹은 한 번은 문을 닫고 글을 쓰고, 한 번은 문을 열고 쓴다고 한다. '문을 닫는다.'라는 말은 남에게 글을 보여준다는 의식을 하지 않고, 오직 자기 아이디어에 기대어 생각이 흐르는 대로 집필한다는 의미다. 뇌 곳곳을 탐험하고 생각을 끄집어내는 단계다. 나 홀로 남겨진 방은 너무 편하다. 무엇이든 가능하다. 남들이 보지 않는 방에서는 아무 옷이나 입고 살지만, 나갈 때는 챙겨 입는 것과 같다. 집에서는 모든 시도가 자유롭다. 문을 열고 쓴다는 건 퇴고를 거치고 신뢰하는 사람들의 비평에 귀 기울이는 단계다.

당신도 한 번은 내면의 문을 닫아서, 비평가들을 밖으로 쫓아내라. 아무리 건설적인 지적이라도 이때는 아무짝에도 쓸모없다. 오직 자유로움만이 해답이다. 날 것 그대로, 생각의 원형을 끄집어낼 수 있는 귀한 순간이다. 초고를 토하듯이 써보자. 이는 글쓰기가 막막한 사람들에게 줄 수 있는 멋진 조언이다. 토할 때는 좋은 것과 나쁜 것을 가릴 수 없다. 밑바닥에 있는 아이디어를 지면에 던져버리는 느낌으로 써라. 맞춤법, 어휘, 띄어쓰기 등 세부 요소는 잠시 내려 두고 '생각'을 끄집어내는 작업에만 몰두하라. 눈에 보이지 않은 생각을, 글로서 시각화하는 과정이 제일 중요하다. 새하얀 지면에 글이 하나둘 생겨나면, 결국 이 작품도 완성할 수 있다는 자신감이 생긴다.

그리고 어차피 퇴고할 때 군더더기를 모두 삭제할 수 있다. 어지럽힌 잔해를 눈에 띄지 않게 만들 수 있다. 키보드의 백스페이스는 글을 쓰는 사람에게 최고의 발명품이다. 못난 부분은 전부 사라신나. 토하듯이 쓰던 거친 표현도 나오시만, 빗신 아이니너와 문장도 다수 발견된다. 그것을 중심에 두고 글을 전개하자.

토하듯이 쓰면 지면에 쭈글쭈글한 문장이 여기저기서 툭 튀어나온다. 이때 자기 비난은 잠시 삼가라. 최종 평가는 퇴고가 끝난 다음에 내려도 늦지 않는다. 초고를 두고 왈가왈부하는 건 바보다. 수정하라고 만든 게 초고니까.

한 가지 방법을 제공하면, 초고를 작성할 때는 오직 내용에만 집중하자. 이상한 말을 해도 좋다. 맞춤법이 틀려도 좋다. 글을 쓰면서 맞춤법까지 신경 쓰는 건 비효율적이다. 나중에 네이버 맞춤법 검사기에 모든 문장을 복사해서 붙여 넣으면 정확한 맞춤법으로 변경해 준다. 검사기가 변경해 준 정확한 맞춤법을 보면서 학습하면, 나중에는 똑같은 문제를 틀리지 않게 된다. 그리고 네이버 글자 수 세기라는 기능을 이용하여, 글의 분량을 바로 알 수 있다. 그러니 세부 사항은 잠시 차치하자.

나는 평소 자료를 많이 찾아 놓고 아이디어를 간단하게 구상하고 글을 쓴다. 이러면 비교적 편하게 글이 써진다. 처음부터 구상을 탄탄히 하고 정교하게 접근하는 편이다. 하지만 이렇게 하려면 글쓰기 자체가 능숙해야 하고, 일정 부분 습관이 되어야 한다. 첫술에 배부를 수 없기에 글쓰기에 부담 있는 사람이라면 초고를 토하듯이 써보자.

'초고 쓰기'를 왜 이토록 강조할까? 글쓰기는 무에서 유를 창조하는 창작 작업이다. 인생을 바꾸는 유용한 도구이지만, 글쓰기보다 도파민을 자극하는 흥미로운 것은 세상에 널렸다. 뇌에 쉽

돈이 되는 글쓰기

게 자극을 줄 수 있는 대체제가 아주 많다. 글은 쓸 때 인지적 자원도 만만치 않게 소모되기 때문에, 마냥 재밌는 활동도 아니다. 그리고 초고를 썼다고 하더라도 인생이 극적으로 바뀌는 일도 일어나지 않는다.

그러니 초고를 쓸 수밖에 없는 환경 설정을 해보자. 그래서 나는 어느 전문가에게서 배운 방법을 종종 활용한다. 그는 글을 쓸 때 한 가지 원칙을 지킨다. '책상에서 글 쓰는 것 외에는 아무것도 안 하는 것은 허용되지만, 다른 것은 절대 안 된다. 이걸 목표한 글자 수를 채울 때까지 한다. 글쓰기와 관련된 낙서도 괜찮지만, 다른 모든 행위는 원천 봉쇄한다. 이렇게 자신과 약속하면, 글쓰기에 조금 더 몰입할 수 있고, 시동을 거는 시간을 줄여준다. 게다가 중간에 자꾸 핸드폰을 들여다보거나, 웹서핑같이 단순하고 자극적인 작업으로 빠지려는 것을 줄이거나 막아줄 수 있다.

마지막으로 초고에 대한 기준과 기대치를 낮춰보자. 최소한 한 단락이라도 완성하면 초고를 썼다고 생각하자. 의미를 충분히 전달할 수 있는 한 단락을 채우면 그게 초고다. 이렇게까지 부담을 확 내려놓으면 글쓰기가 조금 더 수월해진다.

글쓰기를 쉽게 만들어 주는 마법의 문장을 꼭 외우자. 초고는
토하듯이 쓴다.

초고는 원석, 퇴고는 원석을 다듬어서
다이아몬드로 만드는 과정이다

"모든 초고는 쓰레기다."

〈노인과 바다〉를 집필한 어니스트 헤밍웨이(Ernest Hemingway)는 이렇게 말했다. 글쓰기를 좋아하는 사람들은 이 말을 종종 인용한다. 초고는 쓰레기 같은 수준이니, 결과물에 개의치 말고 고쳐 쓰라는 당부의 말이다. 보통 "초고는 쓰레기야. 그러니 맘 편히 다시 쓰면 돼."라며 상대를 위로한다. 의도는 나쁘지 않다. 하지만 필자는 이 말을 들을 때마다 마음이 불편하다. 왜냐하면 쓰레기는 어떻게 고쳐도 쓰레기이기 때문이다.

필자의 아버지는 환경미화원이셨다. 박카스 광고에 나오는 아들처럼, 아버지 일을 도와드린 적이 있다. 쓰레기 트럭 위에 서서 밑에서 집어 던지는 쓰레기봉투를 잡아서 차곡차곡 쌓는 작업이었다. 차 아래서 아저씨들이 던지는 쓰레기를 받아서 차에 실었다. 가끔 날카로운 무언가에 찢겨서 봉지가 터졌고, 쓰레기가 쏟아져서 온몸에서는 악취가 났다. 기분이 진짜 쓰레기 같았다. 쓰레기는 다듬어봤자 쓰레기다. 비유적인 표현을 모르는 바는 아니지만, 내가 쓴 원고가 '쓰레기'라고 상기해 봐야 글쓰기 마음가짐에 유리할 게 조금도 없다. 어쩌면 그냥 유명한 사람이 한 말이니까 맹목적으로 받아들이는 게 아닐까?

초고가 쓰레기 혹은 걸레라는 터무니없는 말은 무시하자. 권위자가 말해도 나에게 전혀 도움이 안 되면 무시할 수도 있어야 한다. 지금부터 초고에 대한 정의를 다시 쓰자. 초고는 무엇인가? 초고는 원석이다. 무한한 가능성 그 자체다. 퇴고는 원석을 다듬어 다이아몬드로 만드는 과정이다. 초고를 나라는 대장장이 손에서 영롱한 빛을 발할 원석이라고 인식하면, 기대감에 부풀어서 고치는 작업에 착수할 수 있다. 내 손길이 닿을 때마다 글에서 눈부신 광채가 나고, 사람을 현혹하는 매력을 뿜어내는 상상이 절로 된다.

여기서 퇴고를 한층 더 적극적으로 하려면, 퇴고에 대한 긍정적 의미를 부여해야 한다. 일체유심조, 인간사의 모든 게 마음먹기에 달려있다. 스스로 특정 사물에 어떤 의미를 부여하는가에 따라 모든 게 달라진다. 퇴고를 즐기는 경지에 오르기 위해서, 퇴고에 대한 관념적 오류를 바로잡아야 한다.

첫 번째 오해, 퇴고는 시간 낭비다. 지인과 가벼운 문자 메시지를 주고받으면서, 강박적으로 최대한 정교하게 글을 다듬으려고 한다면 시간 낭비가 될 수 있다. 필자가 실제로 이렇다. 짧은 문자에서는 간결한 의사전달과 속도가 글의 완성도보다 중요할 때가 있다. 휘발성이 강하고 가벼운 글에서 지나친 퇴고는 시간을 낭비할 수 있다.

하지만 목적이 명확한 글은 다르다. 예를 들어 필자는 9개월 동안 유튜브 스크립트를 170편 이상 완성했다. 한 편당 최소한 수천 명이 본다. 한 글자도 허투루 쓸 수 없었다. 글의 깊이에 따라, 다른 사람에게 큰 영향을 미칠 수 있다. 내가 혼신을 다해 쓴 글이 타인에게 지대한 영향을 미칠 수 있다고 자각할 때, 퇴고는 낭비가 아닌 투자가 된다.

필자는 상세 페이지도 많이 작성하고 있다. 누군가 글을 읽고, 구매 버튼까지 클릭하게 만드는 게 상세 페이지의 목적이다. 모든 글이 한 가지 목표를 향해 정렬되어야 한다. 어떻게 하면 보는 사람이 상품을 사게 만들 수 있을지, 머리를 싸매고 고심한다. 나의 글이 다른 사람의 행동을 불러일으키고, 돈이 될 수 있다는 선명한 인과관계를 깨달을 때, 퇴고는 엄청난 투자가 된다.

두 번째 오해, 퇴고는 자신의 부족함을 확인하는 시간이다. 퇴고를 시작하면 조잡한 초고가 눈에 들어온다. 그러면서 자동으로 낮은 수준의 초고와 누군가 만든 눈부신 완성품과 비교한다. "왜 나는 이렇게밖에 쓰지 못했을까?" 내면에서 짜증과 분노가 치밀어 오른다. 하지만 이 사실을 아는가? 당신이 영화관에서 보았던 모든 영화도, 초창기 시나리오는 볼품없는 몇 줄에서 출발했다. 허술한 구성만 존재했고, 어디에도 내놓을 수 없는 미약한 가능성만 있었을 뿐이다. 그러나 거기에 살을 붙이고 다듬어서 수천만 관객을 쥐락펴락하는 한 편의 드라마가 탄생한다. 퇴고는 작은 가능성도 크게 부풀리는 과정이다. 당신의 부족함과 열등감을 증폭시키는 시간이 아니다. 퇴고는 작고 소중한 존재가 거인이 되게 생명력을 불어넣는다.

퇴고까지가 글쓰기의 완성이다. 초고는 미완의 작품이다. 누구도 미완성의 작품을 내보이고 싶어 하지는 않는다. 그렇다고 영원히 퇴고만 할 수는 없다. 언젠가 마침표를 찍어야 한다. 일정한 프로세스를 거치면 발행 버튼을 꾹 눌러야 한다. 그렇다면 퇴고는 어느 수준까지 해야 할까? 이 부분에 대해서 사람마다 기준이 다르겠지만, 필자가 얼마 전까지 적용한 기준을 소개하겠다.

우선 퇴고는 일정한 기준으로 해야, 글의 질적인 수준의 안정감이 생긴다. 필자가 유튜브 스크립트를 만들 때는 이런 프로세스를 적용했다. 보통 3시간 안에 1,500자 글을 작성하고 1차 퇴고를 한다. 시간이 조금 흐른 후에 퇴고하는 게 좋다. 글이 막 완성됐을 무렵에는 잔상이 남아 있고, 이미 그 내용이 최선이었기에, 무엇을 바꿀지 보이지 않을 수 있다. 며칠 후에 2차 퇴고를 진행하고 글을 발행한다. 여기에 연구하고 사색하는 시간은 소요되지 않았다.

글을 공개하기 전에 자신이 쓴 글을 소리 내어 읽어보자. 필자는 항상 완성된 글을 낭독한다. 듣기 거슬리거나 불편한 부분이 있으면 수정한다. 읽기 좋은 글이 듣기 편하고, 듣기 좋은 글이 술술 읽힌다. 읽다 보면 어디를 고쳐야 할지 감이 온다. 그리고 중요도가 높은 글이라면, 인쇄해서 읽어보는 걸 추천한다. 컴퓨터 모니터로 글을 볼 때와 지면으로 볼 때는 느낌이 사뭇 다르다. 게다가 새로운 장소에서 보면, 글의 장단점이 새로이 보인다.

글을 올리기 전에 참고할 수 있는 9가지 퇴고 리스트를 정리했다. 퇴고 전에 한 번씩 보면서, 글을 예쁘게 다듬어 보자.

[퇴고 리스트]

주장과 사례는 적절한가?

군더더기를 삭제해서 문장을 간결하게 다듬었는가?

사람을 행동하게 만드는 결정적 요소가 포함되어 있는가?

중학생도 이해할 수 있게 썼는가?

마감 시간과 분량을 지켰는가?

글자 폰트와 크기 등 레이아웃이 눈에 보기 편한가?

주어와 서술어는 호응을 이뤘는가?

더 나은 표현 방식은 없는가?

맞춤법은 정확한가?

쉼표와 마침표는 적절하게 활용했는가?

스티브 잡스처럼
군더더기를 삭제하라

"Simple is Best"

필자는 종종 헬스장에 가려고 강남역 11번 출구 앞을 걷는다. 거리를 쭉 거닐다 보면 애플 스토어가 눈에 들어온다. 창문이 통유리로 되어 있어서 밖에서도 내부가 훤히 보인다. 들어가면 정갈한 나무 테이블 위에 최신 스마트폰, 맥북 등이 진열되어 있다. 벽면에는 이어폰이 걸려있다. 이외에 다른 곳에는 아무것도 두지 않는다. 나는 그곳을 천천히 구경하면서, 깔끔한 인테리어에 감탄했고 한편으로 사용하지 않는 공간이 많아서 비효율적이라고 생각했다.

월세도 높을 텐데, 왜 공간을 채우지 않고 내 버려두는 거지? 심한 공간 낭비가 아닌가? 그런데 쾌적하게 각종 기기를 체험하는 고객들을 보면서 생각이 바뀌었다. 공간에 여유가 있고 한정된 공간에만 기기를 진열하다 보니 동선도 깔끔하고 고객들이 기기를 즐겁게 경험했다.

필자에게 있어서 공간을 100% 활용한다는 건 테트리스처럼 빈칸을 하나라도 채우는 걸 의미했다. 그러나 애플 스토어는 공간에 의도적으로 여유와 공백을 부여함으로써 사용자 체험을 극대화한다. 여자친구는 애플 마니아이다. 아이폰을 쓰고 맥북도 활용한다. 내가 쓰는 노트북과 비교할 때, 맥북의 모니터는 새하얗고 군더더기가 없다. 버튼이 어디 있는지 찾아야 할 정도로 디자인이 단순하다. 'Simple is Best' 스티브 잡스는 단순함을 최고의 미덕으로 여긴다. 없앨 수 있는 것을 최대한 없애는 게 그가 추구한 궁극의 디자인이었다.

글쓰기에도 스티브 잡스의 철학은 적용된다. 간결함이 살아나야 한다. 간결함은 군더더기를 제거함으로 드러난다. 군더더기를 제거해야 하는 이유는 다음과 같다.

첫째, 사람은 누구나 인지적 구두쇠이다.

바쁘다 바빠 현대 사회, 지금처럼 바쁜 시대에 미사여구로 떡 칠하고 알맹이가 없는 글을 읽어줄 만큼 한가한 사람은 없다. 정신적으로 과부하 되어 있는 사람들에게 청량감을 줘야 한다. 쓸데없는 부분은 과감하게 가지치기를 해보자.

둘째, 사람들은 정보의 파도 속에서 고통받고 있다.

현대는 정보의 홍수 시대다. 사람들의 눈과 귀는 정보의 파도에 침수되어 있다. 어디를 가든 무엇을 하든 수많은 광고와 마케팅이 사람들의 정신을 심각하게 괴롭힌다. 최적화된 유튜브 알고리즘도 인간의 정신을 어지럽힌다. 주의력은 파편화되어 있고, 무언가를 집중해서 보기 어려워한다. 필자도 이 책을 집필할 때 가급적 핸드폰을 비행기 모드로 설정하고 핸드폰을 손이 안 닿는 곳에 옮겨 둔다. 혹시나 못 참고 꺼내 보고 싶어져 멀리 옮겨 놓는다. 실제로 가끔 핸드폰을 꺼내서 영상을 시청한다. 이제 인간의 기본값은 정신적 피로라고 인정해야 한다.

셋째, 본질을 부각하기 위해서다.

군더더기를 잘라내면 본질이 저절로 고개를 든다. 사람들은 핵심을 강조하기 위해 중언부언한다. 그 심정은 이해되지만, 좋은 전략이 아니다. 핵심만 깔끔하게 전달해도 사람들은 이해한다.

같은 정보와 가치를 담고 있다면 2,000자보다 1,500자가 더 낫다. 동화에서 황소를 이기기 위해 덧없이 배를 크게 부풀린 개구리처럼, 실속 없이 글자 수만 부풀린다고 좋은 게 아니다. 글을 읽는 데 시간이 적게 들어 경제적이다. 속된 말로 두꺼운 벽돌 책이라고 명작은 아니다. 글을 길게 쓴다고 유식한 게 아니다. 한정된 글자 수에 몰입감 있게 정보와 지식을 압축하자. 초고는 일단 많이 쓰고 퇴고할 때 과감히 덜어내자. 무엇이 군더더기일까? 빼도 문맥상 충분히 이해되는 모든 내용이 군더더기다. 본인이 느끼기에 없어도 무방하면 삭제하자.

술술 읽히는 글, 사람을 설득하는 글을 쓰기 위해서는 '핵심'이 부각 되어야 한다. 핵심을 도드라지게 하려면 불필요한 정보를 최대한 날려라. 키보드에서 백스페이스를 누르는 데 인색하지 말자. 심리학 용어로 매몰 비용의 오류가 있다. 자기 돈, 시간을 투자하면 그것이 더 이상 유용하지 않아도 지속하려는 심리를 말한다. 사람은 본인이 투자한 것을 더 가치 있게 느낀다. 속된 말로 내가 쓴 개똥 같은 글을 남이 쓴 명문보다 뛰어나게 본다. 왜냐하면 내 노력과 에너지가 들어갔기 때문이다.

그런데 남들은 그렇게 생각하지 않는다. 내용을 보고 본인에게 도움이 되면 취하고 아니면 지나친다. 초고를 쓸 때 뜨거웠던 마음을 가라앉히고, 독자의 눈으로 문장을 바라보자.

만약 삭제하기 아깝다면 한 가지 방법을 추천한다. 파일을 하나 추가로 만들어서, 빼 버릴 단락이나 문장을 복사해서 붙여넣기를 하자. 실제로 해보면, 군더더기를 삭제하기가 더 쉬워진다. 빼면 돌이킬 수 없다고 생각하면, 삭제하기 망설여진다. 그런데 언제든 되살릴 수 있다고 믿으면, 오히려 깔끔하게 정리할 수 있다.

마지막으로 스티브 잡스의 명언을 기억하자.

"Simple is Best"

피드백을 듣고 어떻게든 고치면
글은 더욱 좋아진다

글은 혼자 쓰기도 하지만 사람들과 협업해서 작성하는 경우가 있다. 이럴 때 피할 수 없는 게 피드백이다. 아무리 대단한 글을 썼더라도 타인의 피드백은 불가피하다. 이는 글쓰기 내공과 무관하다. 각자의 관점이 다르기 때문이다. 강원국 작가님은 김대중, 노무현 대통령의 연설문을 8년 동안 썼다. 그분들께 피드백을 듣는 게 일상이었다. 강원국 작가님의 글쓰기 역량으로 따지면 대통령 이상이었을 것이다. 하지만 그는 자신의 글을 쓰는 게 아닌, 대통령의 입을 대신해서 썼던 것이기에 피드백을 받을 수밖에 없었다.

아무리 좋은 글을 쓰더라도 사람들은 속담처럼 "남의 잔치에 감 놓아라 배 놓아라." 한다. 좋은 글이라는 건 독자에게 전적으로 달려있기 때문이다. 글을 쓰면 피드백이 100% 따라온다. 말로 표현하지 않더라도, 마음속으로는 평가한다. 거기에 민감하게 대응하지 말아라. 지금 같은 시대는 평생직장보다, 여러 직장을 옮기거나 프리랜서로 사는 사람이 많다. 그렇기에 다양한 형태로 남들과 협업하게 된다. 피드백을 너무 불편해하면, 맡을 수 있는 일의 범위가 축소된다. 피드백을 온전히 즐기지는 못할지라도 과하게 민감할 필요는 없다. 누구나 말할 권리는 있는 거니까.

돈이 되는 글쓰기는 '목적'에 부합해야 한다. 다른 사람과 협업하면 그들이 요청하는 바가 분명히 있다. 이를 사전에 대화나 문자를 통해서 일차적으로 파악한다. 완성된 글을 보면 누구나 추가 의견이 생긴다. 하얀 배지일 때는 아무 생각도 나지 않다가 이느 정도 그림이 완성되면 새로운 아이디어가 떠오르는 것과 같은 이치다.

사람들은 피드백을 들으면 감정적으로 대응하거나 무시하는 실수를 범한다. 공들여 쓴 글에 애착이 생겨서, 누가 손대는 게 싫은 것이다. 하지만 '피드백을 듣고 어떻게든 수정하면 글은 더욱 좋아진다.' 물론 어중이떠중이에게 피드백을 들어서는 안 된다. 어설픈 사람의 이야기를 경청하는 것처럼 미련한 일도 없다. 사공이 많으면 배는 산으로 간다. 믿을 만하고 실력 있는 사람에게 피드백을 요청하자.

올바른 의견이라면 온전히 수용하자. 그렇지 않다면 의견을 곧이곧대로 반영하지 않아도 괜찮다. 글을 쓰는 사람이 모든 내용을 최종적으로 책임지는 거다. 올바른 태도로 피드백을 경청하되, 자신이 결정하고 마침표를 찍는 태도를 보여주자. '피드백 받은 부분을 어떻게든 고치면 글은 더욱 나아진다.' 사람들은 글을 보면서 어딘가에 문제가 있는 것을 어렴풋이 느낄 수 있다. 직접 교정할 수는 없지만 특정 포인트에서 위화감을 느낀다. 그 지점을 자신의 실력대로 고치면 된다.

무라카미 하루키는 장편 소설을 쓸 때, 1년 가까이 고독하게 집필할 수 있는 장소로 떠난다. 하루 원고지 200매 쓰는 것을 원칙으로 한다. 더 쓰고 싶어도 200매만 쓰고, 잘 써지지 않아도 200매를 채운다. 일희일비하지 않고 정해진 분량을 철저하게 채워 나간다. 퇴고까지 기나긴 인고의 세월을 거치면 아내에게 원고를 보여준다. 베스트셀러 작가인 하루키도 아내가 지적하면 가끔 화나서 말다툼할 때도 있다. 하지만 지적받은 곳에는 '위화감' 이 있다고 판단하고, 지적을 곧이곧대로 따르지는 않지만, 어떤 식으로든 무조건 수정한다. 여기서 핵심은 피드백 받은 곳을 어떻게든 수정한다는 점이다. 무라카미 하루키의 말에 따르면, 고친 곳은 내용이 반드시 예전보다 더 개선되었다고 한다. 고쳐 쓰면 글은 무조건 발전한다.

당신이 아무리 대단한 아이디어를 글로 표현했을지라도 전문가의 의견을 경청하는 게 도움 된다. 전 세계 40개 국가에서 4,000만 부 이상을 판매한 작가라면 당연히 천재적인 재능과 범접할 수 없는 실력을 갖췄을 것이다. 내가 언급하는 사람은 '앵무새 죽이기'라는 소설을 집필한 하퍼 리(Harper Lee)다. 그녀는 젊었을 때부터 일필휘지의 경지에 올라서 대충 휘갈겨 써도 최고의 작품이 될 것 같았지만 실상은 달랐다. 1957년 소설가였던 하퍼 리는 자기 처녀작 원고를 리핀코트 출판사의 편집자 테이 호호프(Tay Hohof)라는 편집자한테 보낸다. 호호프는 냉철하고 뛰어난 능력을 지닌 편집자답게, 해당 원고는 아직 출판할 만한 수준이 아니며, 반드시 재작업이 필요하다는 의견을 내비친다. 짜임새가 탄탄한 소설이라기보다, 개인적인 일화에 불과하다는 솔직한 의견도 첨부했다. 당연히 하퍼 리는 본인의 원고가 이미 완벽하다고 믿었기에 출판을 의뢰했을 것이다. 하지만 편집자의 날카로운 눈을 피해 갈 수 없었다.

이럴 때 당신은 어떻게 할 것인가? 내 작품이 월등하다고 믿고 억지로 출판할 것인가? 아니면 탁월한 안목을 지닌 편집자의 말을 곱씹고 고된 수정에 착수할 것인가? 사실 어느 쪽이나 그리 유쾌한 선택은 아니다. 하지만 하퍼 리는 호호프의 말을 듣기로 결심한다. 그녀는 소설을 관통했던 독특한 관점은 그대로 유지한 채 2년 동안 등장인물과 줄거리를 계속해서 수정했다. 하퍼 리는 올바른 가르침을 주었던 편집자의 말을 존중한 끝에, 미국 문학에서 위대한 작품으로 평가받는 '앵무새 죽이기'를 탄생시킬 수 있었다.

이 이야기를 들으면서 이런 의심이 들 수 있다. "솔직히 그 정도 재능이면 편집자 의견 따위는 무시하고, 그냥 출판해도 대박나지 않았을까요?" 실제로 '앵무새 죽이기'가 출간되고 55년이 지난 후, 하퍼 리의 초고가 〈파수꾼〉이란 이름으로 출간되었다. 처음에는 하퍼 리라는 명성에 독자들이 크게 열광했지만, 결과는 편집자가 예측한 대로였다.

돈이 되는 글쓰기

〈파수꾼〉은 작품성이 크게 떨어졌다. 캐릭터의 완성도는 낮았고, 그들의 태도도 일관성이 없었다. 소설이 전달하려는 메시지도 앞뒤가 맞지 않았다. 많은 서점은 실망한 독자들을 위로하며 환불해 줄 수밖에 없었다. 결국 불세출의 천재였던 작가 하퍼 리에게도, 그녀가 보지 못하는 맹점을 지적하고 도와줄 수 있는 조력자가 필요했다. 다행히도 하퍼 리는 정당한 지적을 경청할 만큼 똑똑했고, 출판하자마자 망할 수 있었던 소설을, 2년 동안 수정을 거치면서 불세출의 작품으로 탈바꿈시켰다.

마지막으로 피드백이 필수적인 이유는, 내가 쓴 글이 과연 사람들로부터 호응을 끌어낼 수 있을지 없을지 누구도 확신할 수 없다는 점이다. 세상에 100%는 없다. 예전에 통하던 프로세스라도 상황이 바뀌면 수정해야만 된다. 그런데 지금 무엇이 통하고 통하지 않는지 어떻게 알 수 있을까? 글을 써서 작은 테스트를 해봐야 한다. 나의 글에 어디가 문제인지 다양한 수치들과 피드백을 통해 이해해야 한다. 강점과 약점을 들여다볼 수 있을 때 개선의 여지가 생긴다. 성공하는 사람들은 가설을 세우고, 글을 써서 실험하고, 피드백을 받아서 계속 수정한다. 이 과정을 반복하면서 타율을 높여간다.

이 한 줄을 꼭 명심하자.

"피드백을 듣고 어떻게든 고치면 글은 더욱 좋아진다."

제목으로 3초 안에
독자의 마음을 사로잡아라

얼마 전 강남 교보문고를 들러서, 여느 때처럼 책을 보고 있었다. 그러다 "입 닥치기의 힘"이라는 제목이 나를 사로잡았다. 음 소거된 고양이가 디자인된 표지가 보이서, 목차를 간단히 확인하고 냉큼 구매했다. 매혹적인 제목에 이끌린 것이다.

타인의 문제를 단숨에 해결할 수 있는 마법 같은 글을 써도, 남들이 읽을 때만 의미가 생긴다. 블로그, 브런치, 유튜브 등 플랫폼에 올려진 콘텐츠는 누군가 클릭해야만 볼 수 있다. 제목이 클릭을 유도할 수 없다면, 내용이 훌륭해도 죽은 것과 다를 바 없다.

자기표현의 욕구를 채우기 위해서만 글을 쓰는 게 아니라면 제목을 엄선하자.

물론 내용이 눈물 나게 뛰어나서 우연히 방문한 독자가 감동할 수도 있다. 변두리에 위치하고 간판도 변변찮지만, 오직 맛으로 성공한 골목 맛집처럼 '허름한 제목'으로도 입소문이 날 수 있다. 하지만 확률이 턱없이 낮다. 굳이 실패하기 쉬운 길을 택할 필요가 있을까? 이건 소개팅에 씻지도 않고 허름한 옷을 입고 나가서, 이성이 나의 진심을 이해 해주기를 바라는 것과 매한가지다.

선택에 결정적인 영향을 미치는 요소를 애써 외면하고, 다른 면으로만 승부 보겠다는 건 비효율적이다. 요리에서 맛이 기본 소양인 것처럼, 내용은 당연히 뛰어나야 한다. 화룡점정, 용의 그림에 마지막으로 눈알을 찍었더니, 용이 살아나서 승천한 것처럼, 죽은 글을 살리는 게 제목이다.

제목은 왜 중요할까? 사람들이 접하는 최초의 정보이기 때문이다. 정보가 어떤 순서로 제공되는가에 따라서 사람들은 완전히 다른 방식으로 이해한다. 예를 들어 A와 B라는 사람이 있다.

돈이 되는 글쓰기

A

이 사람은 지적입니다. 이 사람은 부지런합니다. 이 사람은 충동적입니다.

이 사람은 비판적입니다. 이 사람은 고집이 셉니다. 이 사람은 질투심이 강합니다.

B

이 사람은 질투심이 강합니다. 이 사람은 고집이 셉니다. 이 사람은 충동적입니다.

이 사람은 비판적입니다. 이 사람은 지적입니다. 이 사람은 부지런합니다.

자세히 보면 A와 B의 정보는 완벽히 똑같다. 배열만 바뀌었을 뿐이다. 실험자는 피험자 절반은 A를, 나머지는 B를 보게 했다. 피험자들은 A와 B를 각각 이렇게 평가했을까?

A를 본 피험자들은, 그 사람이 창의적이고 무언가를 생산해 내는 사람으로 기억했다. B를 본 사람들은 그가 사기꾼이고, 질투심이 강하며, 고집도 세고 비판적이라고 여겼다.

왜 같은 정보를 접하고도 평가에 현격한 차이를 보였을까? 최초로 접하는 정보가 기준이 되었기 때문이다. 사람은 맨 처음 취득한 정보를 바탕으로 나머지를 해석한다. 무의식에서 자동으로 그렇게 처리한다. 이 점을 이해하면 제목이 왜 중요한지 알게 된다. 그것은 사람이 접하는 최초의 정보이기 때문이다.

제목은 2초 만에 사람의 마음을 사로잡을 절호의 기회다. 사람들은 의외로 집중력이 짧다. 연구 결과에 따르면 판단하기 전, 집중력이 지속되는 시간이 8초라고 한다. 투자자 앞에서 사업 설명하거나 대중에게 광고할 때 8초 안에 관심 끌지 못하면 게임에서 진다. 관심과 신뢰가 희귀해진 시대다. 어설픈 제목이나 도입부를 인내하고 내용을 찬찬히 봐줄 만큼 사람들은 한가하지 않다.

20년 경력 유명 출판사 양원근 대표는 이렇게 말했다. "책은 제목이 8할이다.", "베스트셀러가 되기 위한 가장 중요한 요건은 제목과 표지다." 제목이 얼마나 중요한지 보여주는 단적인 예가 있다.

"내 인생을 빛내줄 보물지도"라는 이 책은 원래 출간되고 초판도 팔지 못한 소위 망했다는 책이다. 그러나 제목과 표지를 바꾼 후, 종합 베스트셀러 5위까지 기록하고 50쇄를 넘게 찍었다.

혹시 "칭찬의 힘"이라는 책을 아는가? 아마 모를 것이다. 이 책이 처음에는 끌리지 않는 제목 때문에 독자의 외면을 받다가 "칭찬은 고래도 춤추게 한다"로 이름을 바꿔서 200만 부 이상 판매된 베스트셀러가 되었다. 제목이 갖는 힘은 실로 엄청나다.

유튜브만 봐도 썸네일과 제목의 힘은 강력하다. "신사임당"이라는 유튜브 채널은 한때, 한 달에 썸네일과 제목만 각각 15개를 정리해서 제공하는 직원이 2명 있었다. 한 명당 월급이 300만 원이니, 총 600만 원을 지출하고 '클릭을 부르는 제목 30개'를 얻은 셈이다. 제목에 사활을 거는 가장 적합한 예라고 할 수 있다.

콘텐츠를 제작하면서 제목을 신경 쓰지 않는 사람이 의외로 많다. 혹은 중요하다고 생각은 하지만 대충 쓰거나, 고치는 데 시간을 할애하지 않는 경우가 종종 있다. 현장에서 수많은 카피를 짜는 사람으로서 내용을 만드는데 진이 빠지면 제목에 소홀해질 수도 있다. 그러니 우선 제목에 사활을 걸겠다는 다짐과 실천이 중요하다.

제목은 언제 만들면 좋을까? 글을 쓰기 전에 제목이 미리 나올 수 있지만, 쓰다 보면 이런저런 아이디어가 떠올라서, 처음에 구상했던 것과 다른 제목이 필요해질 때가 있다. 그러니 퇴고할 때, 사람들의 관심을 불러일으키는 제목인지 꼼꼼하게 검토해 보자.

마지막으로, 제목을 너무 과하게 만드는 것을 경계할 필요가 있다. 제목이 중요한 요소이지만 전부는 아니다. 사람들은 작가 프로필, 제작사, 내용 등을 모두 검토한다. 내가 유튜브를 검색하는 패턴만 봐도 그렇다. 아무리 썸네일과 제목이 훌륭해도 한두 번 데이고 낚인 경험이 생기면, 절대로 그 사람이 만든 영상은 보지 않는다.

결국 콘텐츠라는 본질이 갖춰진 상태에서 제목이 중요하지, 제목만 휘황찬란한 건 공허하다. 그리고 제목이 중요하다 보니 무리수를 두는 경우가 생긴다. 내용은 부실한데 어떻게든 끌어서 사람을 보게 하려는 이런 욕심이 드는 건 이해한다. 하지만 이런 수법이 반복되면 사람들은 떠나간다. 그러니 항상 본질인 콘텐츠를 놓치지 않은 상태에서 최상의 제목을 뽑아보자.

글은 공개를
원칙으로 하라

글쓰기 실력을 높이고 싶다면, 작성한 글을 공개하는 것을 원칙으로 한다. 사람은 누구나 다른 사람에게 인정받고 싶어 한다. 남들이 내 글을 읽는다고 의식하면, 무의식적으로 글의 질적 수준을 높이게 된다. 어차피 남늘에게 도움이 되라고 쓴 글이니 당연히 공개해야 한다. 덤으로 타인의 좋은 피드백을 받으면, 지속해서 쓰고 싶어진다. '완성된 글은 반드시 노출한다'를 원칙으로 하면, 실력이 가파르게 상승하는 것을 분명 느끼게 된다.

물론 맥락적으로 사고해야 한다. 본인의 상황에 맞게 선택해야 한다. 만약 현재 직장에서 대외 활동을 하는 걸 원치 않는다면 본명을 쓰지 않기를 권한다. 긁어서 부스럼 된다. 브런치 작가 '스테르담'은 첫 책을 출간했을 때, 너무나 기쁜 나머지 주변 동료에게 자랑했다고 한다. 바쁜 직장 생활 와중에도 좋은 성과를 냈다고 주변 사람들에게 칭찬받을 거라 예상했지만, 결과는 정반대였다.

반응이 좋지 않았다. 정확히 말하면 나빴다. '왜 일에 집중하지 않고 딴짓하지?'라는 핀잔만 쏟아졌다. 대부분 부정적인 반응을 보였고, 게다가 회사에서 작은 실수라도 저지르면, 딴짓하기 때문에 그렇다는 이야기가 들렸다. 그렇다면 어떻게 해야 할까?

글은 분명히 공개해야 실력을 향상한다. 작품을 노출해야 기회와 마주칠 수 있다. 하지만, 주변 사람들의 싸늘한 시선을 억지로 버티면서까지 해야 할 이유는 없다. 그러니 아바타, 자신만의 가명을 만들어 온라인에서 익명으로 활약하는 방법을 고려해 보자. 수많은 사례가 증명하듯이 어중간한 성과를 낼 때는 원래 지인들도 질투심을 느끼거나 비아냥거린다. 당신의 작은 시도에 환영하고 응원하는 사람은 소수다. 심지어 부모님들조차 처음에는 반대하다가, 자녀가 크게 성공하면 그제야 쌍수 들고 환영한다.

하물며 주변 사람들이야 오죽할까. 그러니 글을 써서 주변 사람들에게 먼저 인정받겠다는 생각은 잠시 내려놓자. 성과는 일정 수준을 넘어가면 자연스럽게 인정받는다. 인정할 사람은 인정한다. 사람은 어중간한 성과를 보면 질투를 느끼지만, 압도적인 성과 앞에서는 인정할 수밖에 없다. 가명의 명성이 무르익었을 때는 어떤 선택을 하더라도, 주도권을 쥐고 행동할 수 있다.

글을 공개하면 '작가'라는 정체성 확립에도 도움을 준다. '작가라서 글을 쓰는 게 아니라, 글을 쓰기에 작가다'라는 말이 있다. 내 생각이 담긴 글을 써서 공개하면, 오늘 하루는 작가로서 삶을 산 것이다. "아주 작은 습관의 힘"이라는 도서의 저자 제임스 클리어(James Clear)는 행동의 변화는 결과, 과정, 정체성 이렇게 3개의 층으로 이뤄져 있다고 한다. 결과는 우리가 얻어낸 것, 과정은 우리가 해 나가는 것, 정체성은 우리가 누구인지 믿고 있는 것을 의미한다. 새로운 행농을 지속하기 위해서는 성체성 중심의 습관을 개발해야 한다.

예를 들어, 두 사람이 금연을 한다고 해보자. 누군가 담배를 줄때, 첫 번째 사람은 이렇게 말한다. "괜찮습니다. 담배 끊었어요." 언뜻 합당한 대답처럼 들리지만, 이 사람은 여전히 자신이 흡연자이며, 담배의 유혹을 저항하고 있다고 여기고 있다. 이전의 믿음을 완전히 버리지 못하고 행동이 변하기를 바라고 있다. 두 번째 사람은 이렇게 말한다. "괜찮습니다. 전 흡연자가 아니거든요." 작은 차이지만 이 대답은 정체성을 바꿨다는 신호다. 이전에는 흡연자였지만, 지금은 아니라는 말이다. 이런 사람들은 더 이상 자신을 흡연자와 동일시하지 않는다.

글쓰기도 마찬가지다. 글을 쓰는 그 순간부터 '작가'다. 정체성이 견고해지면, 특정 행동을 하기 훨씬 수월해진다. 필자는 몇 년 동안 글을 꾸준히 쓰면서, 내가 작가라는 정체성을 키울 수 있었고, 그 결과 이 책을 출간하기까지 이르렀다.

지속적인 글쓰기를 통해서 정체성을 강화하면 양질의 글을 양산하려는 내적 동기가 충만해진다. 돈이 되는 글쓰기를 쓴다는 건 본인이 전문가라는 정체성을 확고히 하겠다는 약속과도 같다. 그러니 자신이 쓴 글을 온라인에 오픈하자. 조만간 글쓰기 실력이 팍팍 늘 것이다.

_____ 4장

글쓰기는 무한대로
쓸 수 있는 최고의 무기

글은 인격을 반영하지만,
인격 그 자체는 아니다

언제라도 대체될 수 있는 회사의 톱니바퀴로 살 때는, 나의 말과 글에 영향력이 실리지 않는다. 상사에게 받은 업무를 묵묵히 수행하면 그만이다. 평생직장이 있다면 시키는 것만 따르는 게 답이 될 수 있다. 하지만 19~34세 평균 근속 기간이 3년도 되지 않는 시대에, 회사에 기대서 벙어리처럼 사는 건, 어쩌면 미련한 일이 될 수 있다. 어디에 있든지 당신도 조만간 본인만의 프로젝트에 '풍덩' 뛰어들어야 한다.

이때 단기간에 낯선 사람한테 실력과 매력을 발산할 수 있고, 그들과 자유롭게 협업할 수 있어야 한다. 핵심 무기는 논리정연

돈이 되는 글쓰기

한 글이다. 적어도 글 쓰는 게 두렵지 않다면, 자유롭게 소통할 수 있다. 글재주로 수많은 이들과 협업을 이끌며 광범위한 네트워크를 형성할 수 있다.

그렇다면 어떻게 해야 글쓰기 실력을 빠르게 높일 수 있을까? 온라인 플랫폼에 글을 공개하는 게 가장 확실한 방법이다. 세스 고딘(Seth Godin)은 "린치핀"이라는 도서에서 이렇게 이야기한다. 어떤 일을 시작하는 유일한 목적은 그 일을 끝내는 거다. 진행 중인 프로젝트가 완벽하게 끝나지 않았더라도 세상에 내보내야 한다. 세상에 내보내는 일에는 블로그 발행 버튼 누르기, 판매팀에 프레젠테이션하기, 전화 받기, 머핀 팔기, 추천서 보내기 등도 포함된다. 내보내는 일은 당신이 한 일을 일단 세상에 던지는 것이다.

작품을 완성하고 세상에 노출될 때 긴장감이 따라온다. 긴장감 없게 쓰면 조잡하고 헐거운 글만 양산된다. 반대로 사람들에게 글을 보여주고 평가받으면, 보완할 점이 눈에 띈다. 설령 비평이 없더라도, 다른 사람의 시선을 의식할 때 잘 쓰려는 압박감이 생겨난다. 또한 노출한 글의 질적인 수준도 높아진다. 여기서 남의 시선을 의식한다는 게 눈치 보라는 의미가 아니다. 다만 내가 쓴 글이 다른 사람에게 보여주기 위함이라는 현실을 인식하자는 말이다.

많은 사람이 글을 오픈하지 않는 한 가지 이유는 맹목적 비난이 두렵기 때문이다. 누군가 내가 쓴 글을 보고 신랄하게 욕할까 두려워서이다. 누구나 욕을 먹으면 마음이 불편하다. 타인의 지적에 완전히 자유로운 사람도 거의 없다.

하지만 당신이 글을 쓰는 궁극적인 이유는 무엇인가? 다른 사람에게 영향을 미치고 싶어서다. 확실하게 설득하고 싶기 때문이다. 배를 타고 물고기를 잡으려면, 바지에 물 젖는 것 따위를 지나치게 두려워해서는 안 된다. 타인에게 영향을 미치려면, 당연히 어떤 식으로든 피드백을 받게 된다.

평가에 대한 두려움을 낮추기 위해, 이 말을 기억하라. 글은 당신의 인격을 반영한다. 하지만 인격 그 자체는 아니다. 누가 뭐라고 하든지 그저 생각의 일부만 동의하지 않을 뿐이다. 멘탈에 흠집이 남을 이유가 전혀 없다. 다른 사람이 당신이란 존재를 거부할 수 없다. 게다가 글이 당신의 온전한 가치를 대변하지도 않는다.

악성 댓글은 가볍게 무시하라. 사람들이 흔히 하는 조언 중에

'다른 사람의 소중한 의견에 귀 기울여야 한다'라는 말이 있다. 단도직입적으로 말하면, 인터넷상에 정제되지 않은 의견은 '소중'하지 않다. 전후 사정을 꼼꼼하게 살펴보고 댓글 남기는 사람은 공룡만큼이나 멸종 위기에 처해있다.

특히 악의적인 불평불만, 인신공격에 1초도 귀 기울일 필요가 없다. 사람의 에너지는 한정적이다. 악성 댓글에 관심이란 먹이를 주지 말라. 바로 차단하고 삭제하라. 귀한 에너지를 누추한 곳에 쓰지 말자. 악성 댓글을 남기는 사람들은 특징이 있다. 악성 댓글을 남겨서 상대 마음에 불 싸지르고, 글을 삭제하면 역시 소인배라고 비아냥거린다. 나는 자유롭게 욕할 권리가 있고, 상대는 의무적으로 맞아야만 한다는 논리를 펼친다. 우스울 뿐이다. 속이 배배 꼬인 사람을 일일이 상대할 만큼 인생은 한가롭지 못하다.

백번 양보해서 그런 악성 댓글도 취할 점이 한두 가지 있을 수 있다. 그러나 이렇게 생각해 보자. 누군가 역겨운 똥이 잔뜩 묻은 기장 달콤한 케이크를 제작해 왔다. 지상 최강의 달콤함을 만끽하기 위해서, 우선 똥부터 말끔히 핥아야 한다면, 그딴 케이크에 눈길도 주지 않고 1초 만에 내다 버려야 한다. 악성 댓글은 이런 식이다. 입으로 오물 한 바가지 토해 놓고, 1mm만큼 유용하니까 달게 받으라고 강요한다. 전혀 와닿지 않는다. 그런 글이 겁나서 작품 활동을 피하는 것은 안타까운 일이다.

악성 댓글에 신경 쓰지 말라는 이야기에 신빙성을 높이기 위해 전문가의 이야기를 빌려보자. 마케팅 그루라고 불리는 세스 고딘(Seth Godin)은 책을 출간하고 '퍼블리셔스 위클리'라는 잡지에서 본인이 쓴 책에 대한 비평을 30개 정도 읽었다. 29개는 긍정적이고, 1개만 부정적인 내용이었다. 1개 글에서 그가 한 일을 눈물 나게 비판했다. 그는 그 후 며칠 동안 그 내용을 곱씹으며 부정적인 생각을 했다. 결국 그 시간 동안 한 글자도 쓰지 못했다. 결국 1개의 비평만 신경 썼을 뿐이지만, 글을 쓰려는 노력조차 멈추게 되었다. 그는 그 후에 리뷰나 트위터를 뒤지는 일을 그만두었다고 고백한다.

똥이 무서워서 피하는 게 아니다. 악성 댓글에 마음 쓸 시간이 있으면, 생산적인 일을 하는 데 에너지를 집중하자. 12,000명 청중 앞에서 연설하고 수많은 책을 베스트셀러로 만든 작가의 선택이니 믿어도 좋다. 남의 차가운 시선 따위에 굴하지 말고, 본인 작품을 세련되게 만드는 데만 초점을 맞추자. 글을 써서 유익한 영향을 주는 것에만 전념하자.

노파심에 말하지만, 외골수가 되라는 건 아니다. 진실로 '소중한 의견'은 적극 청취해야 한다. 다만 피드백을 받는 대상을 제한하라. 본인이 믿고 신뢰하는 전문가의 의견을 경청하라. 혹은 여러분을 진심으로 사랑하고 진실을 알려줄 수 있는 사람을 곁에 둬라. 그저 어중이떠중이의 말에 휘둘리며 고귀한 작품 활동을 포기하지 말라는 이야기다.

돈이 되는 글쓰기에는
횟수 제한이 없다

글쓰기는 재화 창출의 도구다. 이 유용한 기술을 하루에 몇 번 쓸 수 있을까? 무한대로 사용할 수 있다. 살아있는 한 언제라도 가능하다. 하지만 많은 사람이 글쓰기 기술에 횟수 제한이라도 있는 것처럼 행동한다.

성공하지 못하는 이유는 노력에 제한을 두기 때문이다. 특별한 기술을 얻었으면 숨 쉬듯이 자연스럽게 써야 한다. 그런데 왜 무한대로 사용하지 못할까? 무의식 속에서 과하게 써서는 안 된다는 고정관념이 있기 때문이다. 실제로 현실에서는 '공평'을 지킨다는 취지로, 횟수 제한을 걸고 있는 분야가 많다.

야구로 예를 들면, 타자가 한 게임당 타석에 들어서는 횟수가 정해져 있다. 아무리 오타니 쇼헤이 같은 강타자라고 할지라도, 한 경기에 정해진 횟수만 배트를 휘두른다. 한 시즌 모든 경기에 출전해도 홈런과 안타 개수는 평균에 수렴한다. 하지만 만약 오타니가 무한대로 타석에 설 수 있다고 가정해 보자. 그렇다면 시즌 평균 200개 이상 홈런도 쳐낼 수 있다.

'마음껏 시도할 수 있다.'라는 개념은 규칙이 있는 분야에서 왠지 불공평해 보인다. 특권을 누리는 것 같다. 하지만 비즈니스 세계에서는 이렇게 횟수 제한을 두는 규칙이 전혀 없다. 당신은 하루에 글을 몇 편 쓸 수 있는가? 매일 온라인 플랫폼에 몇 개의 콘텐츠를 올릴 수 있는가? 원하는 만큼 올릴 수 있다. 시도를 막는 게이트 키퍼는 사라졌다. 수중에 생산 공장인 노트북과 인터넷만 있다면, 언제 어디서라도 세상에 영향력을 미칠 수 있다.

"집착의 법칙"의 저자 그랜트 키돈(Grant Cardone)은 콘텐츠의 중요성을 이해하고 평범한 사람은 상상도 못 할 만큼 많은 양의 콘텐츠를 올린다. 그는 이렇게 말했다.

"나는 내 아이디어와 해법, 의견을 세상에 전하는 일에 집착했다. 그래서 내 콘텐츠를 전파할 수 있는 모든 통로를 찾아냈다.

만약 콘텐츠가 왕이라면, 나는 콘텐츠 공장이 되어 세상과 소통할 수 있는 모든 수단을 활용했다. 48개월 동안 트위터에 7만 8,000개 트윗을 올렸고 6개월 동안 9,000개 동영상을 올렸다. 지나치게 많은가? 자신의 브랜드를 지배하려면 이 정도는 많은 게 아니다. 내가 너무 많은 게시물을 올려서 일부 사람들을 건드렸을까? 아마 그럴지도 모른다. 하지만 내게 정복할 영역을 준 건 경쟁자들이다."

당신의 시도를 막는 사람은 어디에도 없다. 무의식에 있는 제한 횟수라는 개념을 벗어던지고, 본인만의 시합을 매일 해야 한다.

일본의 한 정신과 의사는 30년 넘게 매달 20권의 책을 독파했는데 "아무리 지식을 쌓아도 크게 성장하지 않는다는 사실을 통감했다"라고 고백했다. 1년에 240권씩 독서하면, 30년 동안 7,200권을 읽은 것이다. 가공할 노력을 꾸준하게 쏟아붓고도, 인생이 완전히 바뀌지 않았다고 느낄 때 얼마나 허탈할까. 다행히 정신과 의사는 지식을 밖으로 표출하자고 생각을 바꿨다. 수많은 사람에게 자신의 지식을 널리 알렸으며, 출간된 도서 총판매 부수가 50만 부를 돌파하는 등 외부 조건까지 싹 다 바뀌게 되었다.

돈이 되는 글쓰기

자신이 아무리 가공할 내공을 만들었다고 할지라도, 남이 이를 알지 못하면 아무런 의미가 없다. 그런 의미에서 계속 돈이 되는 글쓰기를 해야 한다. 그리고 사람은 태어나서 죽을 때까지 온갖 문제에 시달린다. 그것은 어떤 의미에서 축복이다. 사람은 누구나 성장을 원하고, 성장은 문제를 푸는 과정에서 얻는 부산물이기 때문이다. 돈이 되는 글쓰기는, 당신 분야에서 사람들이 가지고 있는 온갖 문제를 최대치로 풀어낼 수 있는 지식을 구축하고 글을 쓴다. 이것을 블로그, 유튜브 등 플랫폼에 노출하면 사람들에게 '전문가'로 인식된다. 어떤 문제가 생겼을 때, 전문가로 기억되면 남들이 당신에게 기회를 주게 된다. 여러분이 증명된 지식을 들고 타인에게 들이밀 수도 있다.

지금 유튜브를 켜보면 대단한 학벌이나 자격증은 없지만, 관심 분야를 의욕적으로 연구하고, 남들에게 낭낭하게 알려서 '전문가'가 된 사람이 많다. 전문가가 되기 위해서 누구의 허락도 필요하지 않다. 좋은 학교를 나오지 못했는가? 괜찮다. 좋은 회사에 취직하지 못했는가? 그래도 좋다. 그런 것이 없더라도 자신의 관심 분야를 연구하고 지식을 바탕으로 문제를 해결하면 누구나 성공할 수 있다.

돈이 되는 글쓰기란 무기는 횟수 제한이 없다. 위험성도 거의 없고, 사용하면 재화 창출이 되는 검증된 무기다. 성공하는 사람들의 특징은 자신에게 유리한 판을 짜고 게임을 진행한다. 남들에게 끌려가지 않고, 나의 페이스로 남을 유입시키는 사람이 게임에서 승리한다.

이 책에 나온 모든 프로세스를 완벽하게 익히고 실천하면 눈에 보이는 성과가 뿜어져 나올까? 글쓰기의 질적 수준은 올라갈 수 있어도 결과를 100% 담보할 수는 없다. 나는 여러 고가의 온라인 강의를 듣고, 시중에 나온 글쓰기 책을 40권 이상 보고 이책을 집필했다. 현실에서도 매일 수많은 글을 써내고 있지만, 좋은 반응을 얻기도 하지만, 미적지근한 반응도 존재한다.

기억하자.

확률 60%로 승리하는 카드 게임을 평생 할 수 있다면, 그 사람은 결국 많은 돈을 따내게 된다. 누구도 실수와 실패 자체를 면할 수는 없다. 40% 확률로 지기 때문이다. 돈이 되는 글쓰기도 매번 결과가 낙관적이지만은 않을 것이다. 그러나 성공 확률이 훨씬 높은 게임이라는 점을 꼭 명심해야 한다.

글쓰기의 핵심 무기인
어휘력을 키우자

어렸을 때 "람보"라는 영화를 본 적 있다. 실베스터 스탤론(Sylvester Stallone)이 혈혈단신으로 적진을 쳐들어가, 기관총으로 악당을 쓰러뜨린다. '세상에 저렇게 멋지고 강한 사람이 있다니' 감탄사를 연발하며 봤다. 그런데, 군대에 갔더니 의심이 들었다. '아니 도대체 람보는 왜 장전을 안 하지?', '어떻게 방아쇠만 누른다고 계속 연발로 나가?' 직접 총을 다뤄보니, 비현실적인 연출에 관심이 시들해졌다.

현실 고증을 좋아하는 사람이 많아서인지, 요즘 액션 영화는 사실을 추구한다. 키아누 리브스(Keanu Reeves)가 강아지 복수를 위해 수천 명을 죽여서 화제가 된 영화 "존윅"만 봐도 그렇다. 주인공은 실전처럼 총을 쏘고 장전한다. 탄창에서 총알이 떨어지면, 적의 총을 빼앗거나 다른 무기로 싸운다. 주인공은 그렇게 총을 바꿔가며 적들을 격파한다. 그런데 사실 "람보"나 "존윅"에서 주인공이 쓸 수 있는 탄환은 실질적으로 무한대다.

영웅 홀로 수많은 악당을 쓰러트리기 위해서 무수히 많은 '탄환'이 필요하다. 글쓰기라고 다를까? 수많은 적을 제압하기 위해서, 강력한 탄환이 무한대로 제공되어야 한다. 글쓰기에서 탄환은 어휘다. 글의 최소 단위를 살펴보자. 글은 하나의 어휘에서 출발한다. 어휘가 모여 문장이 되고, 문장이 결합해 문단이 되고, 문단이 합쳐서 글이 된다.

결국 어휘력이 풍부해야 다양한 글을 쓸 수 있다. 어휘력이 강하면 문해력도 높아지고 말하기, 글쓰기도 능숙해진다. 그뿐 아니라 어휘는 생각을 담는 그릇으로, 어휘가 많아야 생각을 더욱 선명하게 할 수 있다. 사고력과 어휘력은 밀접한 관계가 있다.

똑똑한 사람은 언어 구사력이 대개 뛰어나다. 일을 잘하고 성과가 높은 사람 치고 말하기, 글쓰기에 서툰 경우를 별로 보지 못했다. 언어 구사력은 개인의 역량을 나타내는 직접적인 지표다.

내가 중국어를 공부할 때도 어휘력이 풍부한 학생이 회화, 시험, 글쓰기 등 모든 방면에서 두루두루 훌륭했다.

그렇다면 어휘력을 어떻게 높일까? 크게 두 가지 방법이 있다. 첫째, 풍부한 어휘와 탄탄한 문장으로 쓰인 책을 반복해서 보는 거다. 독서를 꾸준히 하면 다양한 어휘와 문장 구조가 가랑비에 옷 젖듯이 스며든다. 무의식적으로 다양한 어휘를 받아들이게 된다. 새로운 단어와 문장 구조가 마음에 들어오면, 그와 비슷한 문장을 은연중에 생산할 수 있게 된다. 이런 말을 하면 어휘력을 키우려고 소설이나 시를 봐야 하냐고 묻는 사람이 있다. 봐도 무방하지만 시간 낭비가 될 수 있다.

우리는 돈이 되는 글쓰기를 배워서 타인을 설득하는 게 주요 목적이다. 풍경, 인물 묘사를 잘하려는 게 아니다. 타인의 문제를 해결해서 전문가로 인식되고, 타인의 행동을 끌어내는 데 주안점을 둔다. 그러니 본인 분야 최고 전문가들이 쓴 책을 탐독하는 게 가장 빠른 길이다. 그들이 자주 쓰는 언어를 자기 것으로 삼아라. 본인 분야에서 통용되는 어휘를 철저하게 익히고 다른 분야로 확장하는 게 현명한 처사다.

어휘도 늘리면서 글쓰기 능력을 키우고 싶다면 요약 연습을 해보자. 한 개 목차를 보고, 혹은 책 한 권을 보고 자신의 언어로 압축해 보자. 예를 들어 "유연함의 힘"이라는 책을 나에게 요약하라고 한다면 '세상에 특별한 경험이란 없다. 자기 경험에 특별한 의미를 부여해야 한다'로 정리할 수 있다. "고통의 비밀"은 '고통은 우리를 보호하려는 신호다.' 이렇게 요약할 것이다. 방대한 정보를 자신만의 언어로 요약하는 습관을 길러보자. 이런 연습을 밥 먹듯이 하면, 한편의 글, 한 권의 책, 1시간 대화에서 주요 핵심 문장을 발췌할 수 있다.

두 번째, 네이버 국어사전을 적극 활용하라. 네이버 국어사전은 우리나라에서 가장 많은 단어와 예문을 포함하고 있다. 단어 뜻을 정확히 파악하고, 구별해서 쓰면 전달력이 높아진다. 사전을 통해서 정확한 의미를 이해하면, 과감히 활용할 수 있다. 사전을 통해서 유사어를 많이 이해하면 단어를 중복해서 쓰는 지루함을 피할 수 있다. '말하다. 언급하다.'라는 표현은 같은 의미를 지니고 있지만, 여러 표현으로 사용하면 글맛이 좀 더 살아난다. 그리고 영어 단어를 외울 때처럼 예문을 참고하자. 국어사전에서 제공하는 예문을 보면서, 단어가 어떤 상황에서 쓰이는지 파악하자. 어떤 요소와 결합 되었는지 관찰하자. 어떤 의미를 내포하고 있는지 알게 되면, 적재적소에 써먹을 수 있다. 내가 중국어를 공부하면서 전자사전의 도움을 가장 많이 받았다. 내 곁에 언제나 전자사전이 있었기에 어학 실력이 일취월장할 수 있었다. 사전을 틈틈이 찾고 새로운 어휘를 배우는 것만으로 글쓰기 능력은 나도 모르게 자란다.

사람들이 국어사전을 사용하지 않는 이유가 있다. '나는 한국 사람이니까 모르는 게 없지.', '그냥 말하다 보면 대충 아는 걸 왜 굳이 찾아봐.' 그러지 말자. 많은 사람이 단어의 정확한 뜻을 모르는 경우가 많다. 모르는 것은 두렵지 않다. 어렴풋이 아는 게 문제다. 어렴풋이 알면 읽고 듣는 데는 무리 없을지라도, 말하고 쓰는 데 지장이 생긴다. 국어사전도 물론 완벽하지는 않다. 언어는 생물처럼 살아 있다. 결국 언어란 사람들이 실제로 사용하면서 의미가 변해가고 추가된다. 하지만 보편적으로 정의된 단어 뜻을 파악하면, 중심을 세울 수 있다. 거기서 어떻게 변형하든지 개인의 몫이다.

어휘력을 키우면 내 세상이 확장된다. 과거의 내가 도달할 수 없던 공간을 탐구하게 된다. 단지 머릿속에서 일어나는 일이라고 할지라도, 결국 현실에서 구현된다. 글쓰기란 핵심 능력을 익히고 사람들의 문제를 해결할 때 필수 탄환인, 어휘를 꼭 챙겨가자.

'~인 것 같다.'의
저주에서 벗어나라

"오늘 영화 어땠어?" "재미있는 것 같아.", "저녁은 맛있었어?"
"맛있는 것 같아."

느낀 점을 솔직하게 나타내는데, 왜 굳이 추측이나 예상을 나
타내는 '~인 것 같다'라는 표현을 쓸까? 사람들은 평소에 이 말을
남용한다. 나는 '~인 것 같다'라는 말투를 들을 때마다, 맞는 게
싫어서 도망 다니며 잽만 날리는 권투선수가 상상된다. 그런 솜사
탕 펀치에 KO 당할 사람은 아무도 없다. 소극적이고 약해 보인다.
전문가로 살고 싶다면 회피하는 언어 습관을 뿌리 뽑아야 한다.

특히 돈이 되는 글쓰기에서는 '~인 것 같다'라는 표현은 될 수 있는 대로 삼가자. 전문가는 왜 전문가라고 불리는가? 전문지식에 확신이 있기 때문이다. 단순히 전문지식을 갖추는 것뿐만 아니라 상대에게 믿음을 심어줄 수 있어야 한다. '~인 것 같다'를 자주 쓰면 자신감이 부족해 보인다. 나는 대한민국 정상급 강사들을 여럿 보았다. 그들에겐 공통점이 있었다. 무한한 자기 신뢰와 전문지식에 대한 확신이다. 무언가를 주장하는데 찰나의 망설임도 없다. 거침없이 속사포처럼 내뱉는다. 물론 찬찬히 뜯어보면 그분들의 말에도 오류가 있다. 그렇지만 대체로 맞고 현장에서 효과를 발휘한다.

자신의 주장에 확신 있는 전문가들한테 추종자들이 몰린다. 왜 그럴까? 사람은 누구나 불확실한 세상에 살고 있다. 그런데 누군가 명확함을 무기로 사람들을 교육한다면, 듣고 싶은 게 사람의 심리다. 만약 전문가가 저열한 지식과 탐욕스러운 마음으로 혹세무민하는 게 아니라, 올바른 교육관을 가지고 자신감 있게 말한다면 확신은 무궁무진한 힘을 발휘한다.

"제가 선생님 말씀을 들으면 나아질 수 있겠죠?" "아마 그럴 것 같아요."

이런 식으로 답하는 전문가를 신뢰할 사람은 없다. 전달하는 지식에 확신이 없다면 돈 주고 파는 것은 죄다. 나의 지식이 문제를 해결할 수 있다고 장담하지 못하는데 '~인 것 같아요'라고 기어들어 가는 목소리로 믿어 달라고 하는 건 어불성설이다. 그런데 왜 소위 전문가들도 확신이 없을까? 준비가 탄탄하지 않아서다. 대한민국 최고는 아닐지라도, 한 분야에서만큼은 상위 10% 성과도 내보고 지식도 쌓으면, 자신감이 없다고 해도 자신감이 생긴다. 결과를 100% 담보할 수 있는데 뭣 하러 도망가는 말투를 사용할까? 무언가를 주장하는데 뒷심이 부족하다면, 준비가 미흡했던 건 아닌지 돌아볼 필요가 있다.

평상시 언어 습관도 교정해야 한다. 영화를 시청하고 나서 재미있으면 재미있다, 없으면 없다. 솔직히 나타내 보자. '재미있는 것 같아요.'라는 표현은 인 된다. 혹여니 에메히더리도 한 기지로 분명하게 표현하는 습관을 기르자. 유체 이탈 화법을 쓰면 나중에는 자기 생각조차 믿기 힘들어진다. 내가 실제로 무엇을 느끼는지 감이 떨어진다. 내 느낌조차 믿지 못하는데 누가 나를 믿어 줄까? 느끼는 대로 정확히 표현하자. 그래야 남들과 제대로 소통할 수 있다.

돈이 되는 글쓰기는 전문가가 되어서 타인의 문제를 푸는 게 목적이다. 본인의 글에 진심과 확신이 묻어나와야 한다. 글을 쓸 때 습관적으로 '~인 것 같다'라는 표현을 사용했더라도 퇴고할 때는 다른 표현으로 대체하자. 그것만으로 설득력이 크게 높아진다. 본인만의 새로운 주장을 하더라도 왜 그런 주장을 하는지 근거와 사례만 분명하게 제시하면 된다.

'~인 것 같다'를 남발하는 이면에는 주장을 강하게 내세우면, 건방지다고 여기는 사회적 인식이 자리 잡고 있다. 단정적인 어투를 써서 따가운 눈총을 받으니 자꾸만 움츠러들게 된다. 남 눈치 보게 만드는 폐쇄적인 분위기도 이런 언어 사용에 일조한다. 남들이 '~인 것 같다'라며 애매모호하게 표현할 때, 우선 나부터 확실하게 표현해 보자. 어느 정도 단정적으로 말하면, 전문가 포스가 살아난다. 기억하자! 사람은 확신 있는 사람에게 이끌린다. 노파심에 이야기하지만, 제대로 된 공부가 되지 않으면서 자신감만 내비치라는 게 아니다. 충분한 공부와 연구를 기반으로 자신감 넘치는 언어생활을 유지하라는 의미다.

사람들은 자신이 한 말과 행동을 끝까지 책임지는 전문가를 신뢰한다. 지금은 작고하신 일본 경영의 신 이나모리 가즈오에게 숙부가 있었다. 그분은 해군 항공대에서 정비사로 일을 했다. 당시에 폭격기가 출격할 때 정비사가 기관사로 반드시 동반해야 했다. 대부분 정비사는 자신이 정비한 전투기가 아닌 다른 비행기에 탑승한다. 아무리 꼼꼼히 정비했어도, 막상 완벽하게 정비했는지 물어보면, 그 물음에 "네"라고 당당히 이야기할 자신이 없었기 때문이다. 심지어 의사들도 가족이 중병에 걸렸을 때 자신 있게 진단을 내리지 못하고, 다른 의사에게 맡길 때도 있다.

이나모리 가즈오는 이렇게 말한다. "만약 내가 같은 상황이라면 누구에게도 맡기지 않고, 직접 수술하겠다. 내가 이렇게 말하는 데는 분명한 이유가 있다. 내게는 매일 매일이 목숨을 내놓고 벌이는 정면 승부였고, 매일의 축적을 통해 실력을 쌓았으며, 실력에 자신감을 가졌기 때문이다."

평범한 사람을 일본 경영의 신 이나모리 가즈오로 만든 것은 '~인 것 같다'라며 은근슬쩍 회피 하는 게 아니라, "내가 하겠다"라고 확실하게 표현하며 끝까지 책임지는 태도였다. 여러분의 글에서도 전문가로서 강단이 느껴져야 한다.

문제를 해결하는 이타적인 글쓰기를 하자

사람들이 글을 꾸준하게 쓰지 못하는 이유는 무엇일까? 한 가지 이유는 생각의 초점이 온통 자신에게만 쏠려 있기 때문이다. "나를 어떻게 부각할까?", "내 능력을 어떻게 만천하에 과시할까?" 이런 생각만 끝없이 한다. 글을 쓰는 목적이 지나치게 결과 지향적이라, 좋은 결과가 나오지 않으면 지속성이 떨어진다. 그리고 자신을 위주로 쓴 글이기에, 글맛도 부족하다. 글을 꾸준히 쓰고, 글쓰기 능력도 향상하려면 항상 남들의 문제가 무엇이고, 그것을 어떻게 풀 것인지 고민해야 한다.

돈이 되는 글쓰기

다른 사람의 문제를 알아내려면 관찰이 필요하다. 눈과 귀를 열고, 편견은 내려놓고 지긋이 바라보자. 관심을 기울이고 세심히 관찰하면 통찰이 생겨난다. 그러면 사람들의 한숨과 탄식이 눈에 들어온다. 남들이 불평불만 하는 지점이 선명하게 보인다. 남들의 이야기에 귀 기울이면, 떠오르는 생각이 글감의 형태로 뭉쳐진다. 글은 나의 문제가 아니라, 타인의 삶에 몸을 기울일 때 저절로 나온다.

돈이 되는 글쓰기에서 본질은 이타주의다. 여러분이 전문가로서 혹은 전문가로 성장하는 과정에서 타인을 진심으로 돕는다는 생각으로 문제를 효과적으로 풀어내는 게 핵심이다. 아파하는 사람들의 고통을 경감시킨다. 힘들어하는 사람들의 어깨를 가볍게 한다. 그들이 앓고 있는 문제를 풀어주면, 돈은 전문가로서 역할을 제대로 하는 사람에게 기꺼이 따라온다.

이타주의란 맹목적으로 남의 인생만 위하라는 말이 아니다. 자신의 위치와 이익도 고려해야 한다. 하지만 결국 나의 '이익'도 남들을 도울 때, 나온다는 사실을 명심하자는 의미다. 현대 사회는 누군가와 협업할 수 없다면, 큰 성공을 거두기 어렵다. 협업을 가능케 하는 두 가지 큰 축은 실력과 신뢰다. 신뢰는 무형의 자산 중에 가장 비싸다. 돈을 주고도 살 수가 없다. 많은 돈을 주면 우리는 사람들의 미소와 친절한 서비스를 구매할 수 있다. 하지만 그들이 마음속 깊이 우리를 좋아하거나 존중하는 경우는 드물다. 단순히 많은 돈을 썼다고 사람에게 진심이 생기지 않는다. 돈의 위력이 떨어진 순간, 다른 사람들이 변하는 모습을 보면, 나라는 사람 자체로는 그동안 신뢰받지 못했다는 사실을 깨달을 수 있다.

사람은 누구나 자신을 사랑하고 존중하는 사람을 좋아한다. 그렇기에 이타주의는 평소에 길러내야 한다. 내가 자주 읊조리는 자기 암시 구문이 있다. '나는 평생 매 순간 사랑과 도전을 실천하며 산다.' 내 삶의 중심에 사랑과 존중이 있어야 한다고 굳게 믿는다. 사람들 앞에 드러나는 나의 모습보다 훨씬 중요한 게, 마음의 밭을 가꾸는 일이다. 사랑과 이타심은 평소에 조심스럽게 키워내야 한다. 나는 종종 지하철을 탈 때 모르는 사람이 보이면, 그 사람의 축복을 빌어줄 때가 있다. 마음속으로 2~3초 정도 '오늘 하루 평안하시고 잘되기를 바랍니다.' 이렇게 빌고 나면, 마음에 평온이 밀려온다. 상대에게 축복을 빌어주었지만, 오히려 나의 마음이 치유된 것이다.

나는 함께 일하는 사람이나 지인들한테 좋은 아이디어가 생기면 공유할 때가 있다. 상대에게 어울리는 책 제목이 떠오르면, 몇 개를 만들어서 보내거나, 책을 추천한 적도 많다. 도움이 될 것 같으면 책을 사서 주기도 한다. 혹여나 상대와 다툼이나 싸움이 생겨도, 다시 마음속에서 그 사람을 축복하는 말을 떠올리면 어느새 사랑의 기운이 몸에서 올라오는 게 느껴진다. 평소 주변 사람을 사랑하고 존중하는 습관을 기르다 보면, 나와 일면식도 없지만, 언젠가 만날 사람들을 품는 건 더 쉬워진다.

결국에는 남을 돕는 이타주의가 돈을 번다. 돈이 되는 글쓰기를 할 때, 항상 사람들의 문제를 해결하겠다는 '본질'을 상기하자. 내가 전문가로서 인정받는 것도 중요한 목표지만, 그보다는 남들에게 도움이 되는 게 먼저다. 확실한 가치만 제공한다면 누구나 신뢰가도 인상받을 누 있다. 거듭 강소하시만 상내에게 신성한 도움을 주겠다는 목적을 절대로 잊지 말아야 한다. 매번 글을 쓸 때마다, '나는 지금 상대에게 어떤 가치를 제공하고 있는가?'라고 자신에게 물어보자.

문을 걸어 잠그고 수레를 만든다는 속담이 있다. 현실의 상황은 고려하지 않고, 아집대로 물건을 만드는 우둔함을 꼬집는 말이다. 문제를 풀려면 세상에 존재하는 문제가 무엇인지부터 관심을 기울여야 한다. 잡담을 통해, 관찰을 통해, 공부를 통해 여러분 분야 사람들이 어떤 문제를 겪고 있는지 파악하자. 예민한 감각을 유지한 채 사람들의 불평불만에 귀 기울여라. 그리고 그것을 어떻게 풀 것인지 질문을 던지고, 거기에 대한 해답을 적어라.

그들이 하는 말과 행동에 답이 있다. 그것을 최대치로 풀어내자. 글 속에 문제 해결의 실마리를 담아내라. 매번 최상의 질적 수준을 담보할 수 없더라도, 반드시 문제를 풀어내 사람들을 돕겠다는 생각을 중심에 두어야 한다.

하나의 분야를
잘게 쪼개서 진입하라

돈이 되는 글쓰기를 배워서 한 분야에서 새롭게 출발한다면 당신은 블루오션에 뛰어들 것인가? 레드오션에 진입할 것인가? 아마도 경쟁자가 없는 블루오션이 끌릴 것이나. 하시만 블루오션은 경쟁자만 없는 게 아니라 물고기도 없다. 물고기가 살지 않아서 어부가 오지 않는 바다는 경쟁이 없다. 동시에 먹거리도 없다. 이게 과연 생존에 유리할지 고민해 봐야 한다.

시장이 없을 때는 스스로 고객 수요를 창출해야 하는데 이게 만만치 않다. 반면에 레드오션은 경쟁자가 넘치지만 그만큼 시장

규모와 크기도 크다. 그러니 거대한 시장을 잘게 쪼개서 진입하는 세그멘테이션(Segmentation) 전략을 적용해야 한다.

예를 들어, 영어는 하나의 거대한 시장이다. 우리는 이 시장을 영어를 배우는 목적이나 대상에 따라서 잘게 쪼갤 수 있다. 초등 영어, 중학 영어, 고등 영어, 수능 영어, 왕초보 회화, 토익, 토플, 토스, 편입 영어, 문법, 발음, 신문, 미국 드라마 등으로 세분화할 수 있다.

당신이 영어 실력이 탁월해서 영어 분야에서 지식 창업하기로 결심했다고 가정하자. 영어를 업으로 삼겠다고 한 만큼 이미 다방면에 출중한 능력을 갖췄을 것이다. 회화가 능숙하고, 문법도 뛰어나고, 어휘량도 많고, 발음도 뛰어나다. 영어 자격증도 다수 갖췄다. 모든 면에서 국내 최고는 아닐지 몰라도 평균적으로 A급이니 모든 문제에 능통한 영어 전문가로 성공하고 싶을 수 있다. 하지만 삼가야 한다.

다른 사람에게 여러분이 한 분야 전문가로도 인정받는 데에는 시간이 걸린다. 시원스쿨의 이시원 대표님도 다양한 방면에서 출중하지만, 오직 왕초보 영어 회화에 올인했고, 거기에 본인만의 독특한 색깔을 남겼다. 그래서 이제는 누구나 인정하는 영어 회화 전문가가 되었다. 하지만 지금도 주력 상품은 왕초보 회화다. 처음부터 넓게 퍼트리고 싶다는 욕망을 줄일 필요가 있다. 노력 대비 효과가 적기 때문이다.

게다가 사람들은 고도의 전문성을 갖춘 해결사를 원한다. 이것 저것 적당히 잘하는 사람을 전문가라고 인정하지 않는다. 당신이 이것도 잘하고, 저것도 잘한다고 어필하는 순간, 사람들은 당신을 어중이떠중이로 볼 가능성이 있다. 또한 지금은 스마트폰으로 해당 분야에 고수를 몇 초 만에 쉽게 찾을 수 있다. 경쟁이 치열하고 콘텐츠가 범람하는 이 시대에, 본인만의 특장점을 예리하게 갈지 않으면, 눈에도 띄지 않는다. 어설프게 하는 사람은 발에 치이게 많다.

돈이 되는 글쓰기는 한 분야의 특정 문제부터 100% 해결하는 게 목적이다. 너무 많은 문제를 동시에 다루면, 전문가로서 입지를 다질 수 없다. 분야를 쪼개서 작은 조각을 확실하게 씹어 먹자. 거기서부터 야금야금 영토를 확장해 보자.

여러분은 김밥천국에서 파는 갈비탕과 30년 전통 갈비탕 전문점에서 파는 갈비탕, 둘 중 무엇을 먹겠는가? 당연히 갈비탕 집에서 파는 갈비탕이다. 거기서는 갈비탕을 예술적으로 보글보글 끓

여줄 것이라는 기대감이 있다. 김밥천국은 서민들에게 유용한 음식점이지만, 전문점이라는 느낌은 들지 않는다. 김밥천국에서는 어떤 음식이든 가성비 있게 먹을 수 있지만, 특정 음식을 포만감 있게 먹으려면 결국 전문점을 찾게 된다.

일단 작은 분야에서 전문가로 자리 잡아라. 작게 시작했다고 영원히 작으리란 법이 없다. 한 분야에서 확실하게 인정받으면 컵에 물이 넘치듯 외연이 확장된다. 만약 여러분이 왕초보 영어 회화만 전문적으로 다루기로 했다고 가정해 보자. 관련 글도 30편 이상 썼고 교육 콘텐츠도 몇 편 찍어서 노출했다. 신뢰가 쌓였다면 사람들은 단지 그것만 문의하지 않는다. "거기서 문법도 배울 수 없나요?", "시험 영어는 가르치나요?" 하며 추가로 질문한다. 그때 OK를 외치며 새로운 미션을 수락하면 된다. 초과 수요가 발생할 때 콘텐츠 확장을 고려할 수 있다.

필자가 가르친 수강생 중에 필리핀에서 8년간 생활하며 중, 고등학생을 졸업한 유학생이 있었다. 어떤 방향으로 퍼스널 브랜딩 할지 모호하다는 고민이 있었다. 그래서 필리핀에서 성공적인 영어 유학을 하는 방법을 체계적으로 정리해 보자고 했다. 이를 블로그에 하나씩 올려서 사람들에게 알리자고 권유했다. 뭉뚱그려서 '영어 학습'만 다루기보다, 8년간 필리핀 유학 생활과 영어 학습 비법을 곁들이면 더 많은 호응을 이끌 수 있을 것으로 분석했다.

"대통령의 글쓰기"를 쓴 강원국 선생님을 보면, 초기에는 글쓰기 책만 출간했다. 그러다 강원국 선생님의 표현을 빌리자면 '말하기 시장'이 더 크기에, 이제는 "강원국의 결국은 말입니다", "강원국의 어른답게 말합니다"처럼 말하기 책도 집필한다. 강원국 선생님은 처음에 가장 자신 있는 글쓰기 분야에 깃발을 꽂았다. 그것을 발판 삼아 전국으로 강연을 다니며 말하기 실력을 쌓았다. 강연 횟수가 많아지면서 자연스럽게 강연가로 차별화되었다. '말하기 전문가'라는 타이틀도 갖게 되었다. 결국에 말과 글은 같기 때문이다. 생각과 감정을 문자로 표현하면 말이고, 생각과 감정을 소리로 표현하면 말이 된다.

그러나 애당초 자신이 가장 잘할 수 있는 전문 분야를 내팽개치고, 혹은 특출난 분야도 없으면서 확장부터 염두에 두었다면 분명 첩첩산중일 것이다. 기억하자. 사람들은 1등을 기억한다. 세계에서 가장 높은 산은 기억하지만, 5번째 높은 산은 모른다. 그러니 한 분야의 작은 영역에서라도 1등을 해보기를 바란다. 혹은 본인만의 영역을 구축할 수 있다. 그렇지만 누군가는 이렇게 반박한다. '1등이 어디 쉽나?' 쉽지 않지만, 불가능한 것도 아니다. 분야를 쪼개고 쪼개면 1등 할 수 있다.

예를 들어, 필자는 20살 때 중국 하얼빈 유학을 했다. 거기서 미친 듯이 공부했고, 모든 자격증을 고득점으로 취득하고, 대외적으로 나를 알릴 수 있는 여러 행사에 참여했다. 실력과 인지도를 동시에 올렸다. 적어도 해당 대학, 하얼빈 지역에서는 꽤 실력이 있는 학생이었다. 그리고 귀국 후 중국어를 제일 잘하고 싶어서 한국외대 통번역 대학원을 진학했다. 졸업하고 〈1년 만에 중국어 통번역사가 되는 방법〉을 집필했고, 중국어 회화 시험인 TSC를 10급으로 취득했다. 원어민 수준에 올라와야 취득할 수 있으므로 국내에서 한국 사람은 취득자가 거의 없는 것으로 알고 있다. 사실 필자 빼고 실제로 본 적이 없다. HSK 6급도 293점으로 최고 수준을 기록했다. 중국어만 잘하는 사람은 많다. 통번역 대학원에 나온 사람도 많다. 하지만 중국어 회화도 최상급이고 책도 쓰고, 자격증도 최고로 보유하고 있는 사람은 찾아보기 쉽지 않다. 작은 분야에서라도 정점에 서게 되면, 다른 문제도 해결할 자격을 갖추게 된다.

자신만의 분야를 정하자. 그 분야를 잘게 쪼개서 세밀하게 진입하라. 1등을 한 후 서서히 확장하라.

상대방 머릿속에
글이 상상되게 써라!

돈이 되는 글쓰기는 크게 2가지 목적이 있다.

첫째, 동기부여

둘째, 감정과 행동 불러일으키기

당신의 글을 읽으니 "나도 할 수 있겠다."라는 긍정적인 생각을 심는 과정이 동기부여다. 내면의 생각이 바뀌면, 새로운 도전에 대한 기대와 열망이 생긴다. 하지만 이것 만으로 2% 부족하다. "그럼, 이제 뭐부터 해야 하지?" 이 물음에 분명한 방향을 제시할 수 없다면, 열정은 아이스크림처럼 사르르 녹아버린다. 구체적으

돈이 되는 글쓰기

로 무슨 행동을 할지 알려줄 필요가 있다.

열정에 기름만 부으면 안 된다. 돈이 되는 글쓰기는 '행동'까지 끌어내야 성공이다. 지식을 상대에게 전달해 적절한 행동을 이끄는 것이 최종 목표다. 예를 들어, 필자가 마케팅 업무를 하면서 가장 직접적인 형태의 돈이 되는 글쓰기는 상세 페이지다. 특히 강의를 판매하는 글을 자주 쓴다. 여기에 고객이 구매해야 하는 이유, 누적된 후기, 커리큘럼, 강사 프로필, 사람들이 궁금해하는 질문, 수강 후 예상되는 변화 등을 세심히 디자인하고 집필한다.

얼마 전에 피트니스업체와 협업하면서 상세 페이지 두 편을 작성했다. 이를 기반으로 마케팅 전략을 수립하고 실행했고, 고무적 이게도 단, 하루 만에 1,000만 원 매출을 달성했다. 탁월한 팀원들이 함께 노력해 준 덕분이다. 여기서 상세 페이지의 위력을 무시할 수 없다. 해당 상품과 서비스가 당신에게 도움 되는지 가장 확실하게 설득하는 방식이기 때문이다.

그렇다면 사람의 감정과 행동은 어떻게 움직일까? 답은 상상에 있다. 인간의 정신 구조 90%는 무의식이다. 10%가 의식이다. 의식은 논리로 나타나고 무의식은 상상으로 표출된다. 그래서 논리와 상상이 '쾅'하고 부딪히면, 무조건 상상이 이긴다. 사람들은 자신의 의사결정이 논리적이라고 포장하지만, 대게 상상과 감정에 의존해 결정짓는다. 곰곰이 따져보면 물건이나 서비스를 구매하는 과정도 전혀 논리적이지 않다. 예를 들어, 명품 가방 가죽은 등급이 있다. 하지만 일반인은 애초에 좋고 나쁨을 구별할 수 없다. 유명 브랜드가 최고급 가죽으로 만들었다고 주장하면 동조한다. 유사한 재료로 만들고 질도 비슷한데, 단지 로고만 박았다고 가격이 천정부지로 뛰는 건 전혀 논리적이지 않다. 명품 술은 더하다. 블라인드 테스트로 비교해 보자. 일반인의 혀로 '고급술'이 뭔지 알아맞힐 수 있을까? 모를 가능성이 농후하다.

그렇다면 '맛'이 아니라 명품에 얽힌 이미지와 이야기가 상상력을 자극한다. 사람들은 브랜드에 얽힌 중후한 이야기를 즐긴다. 명품을 들고 다니며 남들이 우러러보는 시선을 느낀다. 사람은 상상을 소비한다. 감정으로 결정하고 이성으로 합리화한다.

글을 쓸 때도 마찬가지다. 무미건조한 정보만 나열해서는 누구도 움직이지 않는다. 아무리 논리적이라고 읍소해도 상대는 미동조차 하지 않는다. 상상력을 자극해서 감정과 행동을 움직이자. 그러기 위해선 '구체적'이어야 한다. 구체적이란 말은 눈에 보인다는 뜻이다. 사람들은 추상적인 내용을 이해하지 못한다.

필자의 경험을 빌려서 추상과 구체성의 차이를 알아보자. 그는 중국어를 열심히 공부했다. 이 문장을 아무리 뜯어봐도 머릿속에 구체적인 이미지가 떠오르지 않는다. 인상적이지도 않는다. '동기 부여', '설득' 둘 중 한 마리 토끼도 잡지 못했다. 이제부터 구체적으로 써보겠다.

"필자는 20살에 하얼빈에서 중국 유학을 시작했다. '니하오(你好)' 밖에 할 줄 몰라서 입문반에 들어갔다. 병음과 성조부터 차근차근 배웠다. 당시 입문반 루 선생님은 모든 학생에게 본문 전체를 암기해 오라고 숙제를 내주셨다. 중국어를 잘하려면 이 방법을 꼭 익혀야 한다고 강조했다. 필자는 간절히 잘하고 싶었다. CD를 수십 번씩 듣고 따라 말했다. 목에서 피 맛이 났다. 30~40번쯤 낭독했더니 저절로 암기됐다. 나중에는 중국 원어민이 녹음한 CD보다 필자가 말하는 중국어 속도가 더 빨랐다. 몇 개월밖에 안 된 필자의 중국어 발음 실력이 CD와 유사해졌다. 만반의 준비를 마치자, 자신감이 충만했다.

수업 시간에 필자가 중국어를 폭풍같이 쏟아내니 루 선생님은 크게 감탄했다. 어떻게 이렇게까지 준비했냐고 칭찬했다. 그 일을 계기로 '낭독'의 중요성을 깊이 깨달았다. 연습을 꾸준하게 했고 중국어 실력도 가파르게 향상되었다. 몇 년 후 루 선생님을 다시 찾아갔을 때, 필자가 본인이 만나본 최고의 수재이며 언어의 천재라고 극찬하셨다. 나는 이 말을 평생 기억하고 산다.

　보통 유학생들은 방학 때 집과 친구들이 그리워서 한국으로 귀국한다. 4개월 '대충' 공부하고 2개월 '열심히' 쉬면 어떻게 성장할 수 있을까? 필자는 1년을 채우기로 결심했다. 방학 때는 학교에 혼자 남아서 필사적으로 공부했다.

　저녁이 되면 책을 들고 학교에 갔다. 아무도 없는 교실에서 나 홀로 목청 높여서 낭독했다. 하루에도 수십 번씩 목이 터지게 외쳤다. 30분만 그렇게 해도 기진맥진해졌다. 가끔 교실에서 살짝 뛰기도 하고 미친 듯이 연기도 했다. 얼마나 감정을 불태웠는지 탈진하는 느낌마저 들었다. 필자는 초 단위로 성장하고 싶었다. 방학을 기점으로 중국어 실력은 가파르게 성장했다.

　중국어 교제를 듣다가 지루해지면, 중국 노래를 들었다. 화장실을 갈 때는 중국 유머나 만화책 혹은 잡지를 봤다. 주말에 버스 타고 교회에 갈 때 눈에 스치는 간판이라도 중국어로 소리 내어 읽었다. 한때 꿈도 중국어로 꿨다. 당시 유학생 중에 필자만큼 해본 사람이 얼마나 있을까? 나보다 실력이 뛰어난 사람이 있다고 할지라도, 최선을 다한 사람은 자기 삶에 떳떳하고 어깨가 당당히 퍼지게 된다. 만약 중국 유학을 꿈꾸고 있다면, 최대한 젊은 나이에 도전해 보기 바란다. 확실한 목적을 갖고 공부하면 짧은 기간에 빠른 성과를 거둘 수 있다.

그는 중국어를 열심히 공부했다.

이 무미건조한 문장에 구체적인 사실이 더해지니 흡입력이 생긴다. 전작 '1년 만에 중국어 통번역 사가 된 비법'을 보고 중국 유학할 때 많은 힘을 얻었다는 분들이 있다. 완벽한 글은 아니었지만, 진정성이 있었기 때문이다. 상대방 머릿속에 글이 상상되게 써야 하는 이유다.

단순히 '중국어를 열심히 했다'라는 말은 추상적이고 감동을 주기 어렵다. 하지만 생생한 이야기를 가미하니 '열심히'란 단어가 머릿속에서 저절로 상상된다. 살아있는 언어를 사용하지. 추상적인 글을 쓰지 않을 수는 없겠지만, 그래도 어떻게 하면 구체적으로 쓸지 항상 고민하자.

자기 생각을 타인에게 효과적으로 전달할 수 있는 사람이 결국 승리하게 된다. 그러니 상대방 머릿속에 글이 상상되게 구체적으로 써보자.

슬럼프 탈출을 위한
페르소나 글쓰기

특정 분야 전문가로 글을 써서 사람들의 문제를 해결한다. 돈이 되는 글쓰기의 목적이다. 당신이 아직 '전문가'가 아니라면, 연구기반형 전문가 되어서 실력을 쌓으면 된다. 돈이 되는 글쓰기는 한 가지 분야를 깊게 파고 들어가는 글쓰기 방식이다.

최소한 지금처럼 책이 나오고 강연하려면, 사람들이 자주 묻는 40개 질문에 대해 확실하게 대답할 수 있어야 한다. 40개 질문에 준비 없이 아무 말이나 툭툭 내뱉는 건 쉽다. 하지만 사람들의 문제를 진짜로 해결하려면, 평소 공부와 연구를 게을리하지 말아야 한다. 미리 찾은 답이 만족스럽지 않다면 과감하게 폐기하고 제로에서 다시 출발할 때도 있어야 한다. 그렇기에 질 좋은 40개에 대한 답을 만드는 건 시간이 걸린다.

한 가지 분야에 대해 글쓰기를 계속하는 과정에서 사람들이 봉착하는 문제가 있다. 지루함이다. 누군가 당신에게 이제부터 "올드보이" 주인공처럼 1년 동안 음식점에서 한 가지 메뉴만 먹으라고 시켰다고 가정해 보자. 아마 1주일도 안 돼서 탈출 욕구를 강렬하게 느낄 것이다. 먹는 즐거움은 온데간데없어진다. 강제 반복은 지루함을 낳는다.

글쓰기도 마찬가지다. 한 가지 주제로 글을 쓰다 보면, 소재 고갈이 느껴지는 게 지극히 정상이다. 뫼비우스의 띠처럼 출구 없는 이야기가 반복된다. "매트릭스"의 한 장면에서 반복되는 고양이처럼 데자뷔가 느껴진다. 억지로 한 가지 분야만 고집하다 보면, 글쓰기가 학교 숙제처럼 여겨질 수 있다. 가끔 하기 싫고 포기하고 싶어진다. 이미 글쓰기에 대한 재미를 상실했는데, 돈이 되는 글쓰기를 써야 한다는 말에 고민한다. 그러다 보면 의욕이 바닥난다. 글쓰기 자체를 피하게 될 수 있다. 내가 가장 경계하는 상황이다.

내 주변에는 정상급 전문가들이 많다. 화술, 부동산, 심리, 운동 등 다들 본인만의 분야가 탄탄하고 높은 전문성을 구축했다. 10~20년 이상 경력을 쌓았다. 그런데 그분들조차 내용의 중복이 많다. 또한 소재의 고갈이 느껴질 때도 있다. 신선함은 떨어지고, 식상하게 느껴질 때도 있다.

만약 같은 분야를 쓰는 데 매너리즘을 느낀다면 잠시 멈추자. 이럴 때는 굳이 전문가적 글쓰기만 고집하지 않아도 된다. 억지로 짜낸 글맛이 좋을 리가 없다. 통찰은 억지로 짜내는 게 아니라, 자연스럽게 순환되어야 한다. 의욕이 바닥난 상태에서 몰아붙이는 건 좋지 않다. 일단 글에 대한 열정의 불씨를 되살려야 한다.

사실 이 책의 핵심 목적은 누구나 글쓰기에 대한 부담을 제로로 만들고 언제 어디서나 글을 편하게 쓸 수 있는 정신 상태를 구축하는 데 있다. 글쓰기에 대한 동기부여가 확실히 되고 올바른 프로세스를 따른다면 돈은 따라오게 되어 있다.

글을 쓰기만 해도 승리자의 반열에 서게 된다. 많은 사람이 글을 쓰지 않는다. 알리는 일은 더더욱 하지 않는다. 대한민국에서 1년에 책 한 권 읽는 사람이 절반 정도 된다. 그럼, 주기적으로 글을 쓰는 사람은 얼마나 될까? 그 절반도 안 될 것이다. 독서보다 글쓰기가 더 능동적인 활동이기 때문이다. 글 쓰기 활동은 지속하는 게 제일 중요하다. 일단 글이 쌓여야 그것을 바탕으로 재생산할 수 있다. 머릿속에서 맴도는 아이디어로는 아무것도 만들지 못한다. 글쓰기 책을 수십 권 봐도 글을 쓰지 않으면 1cm만큼도 실력이 늘지 않는다. 100% 완벽보다 80% 완수가 훨씬 낫다.

그래서 생동감을 불어넣는 글쓰기 비법 하나를 추천한다. 바로 페르소나 글쓰기다. 페르소나는 가면을 의미한다. 사람은 태어나서 죽을 때까지 다양한 역할을 소화하며 살아간다. 당신은 고정된 실체가 아니다. 다른 사람과 유기적인 소통을 통해, 각기 다른 역할을 하기도 한다. 돈이 되는 글쓰기는 한 분야의 전문가라는 페르소나만 사용한다. 이를 탈피해야 신선함이 생긴다.

우선 필자의 페르소나부터 이야기해 보겠다.

직장인, 아들, 남자친구, 직장 동료, 형, 동생, 중국어 통번역사, 마케터, 글쓰기 코치, 보디빌딩 애호가, 자기 계발 전문가, 심리학 마니아, 한국인, 개그를 좋아하는 남자 등 무궁무진한 페르소나가 존재한다. 상상해 보자. 글쓰기 코치로 글을 쓸 때와 자기 계발 전문가의 관점에서 이야기할 때는 완전히 다른 내용을 다루게 된다. 이는 기존에 쓰지 않은 뇌 부위가 활성화된다는 의미다. 당연히 신선함과 재미를 느낄 수 있다. 게다가 지면에 흐르는 분위기도 180도 달라질 수 있다. 나는 개그 프로를 좋아하고 자주 본다. 그러니 유머러스한 페르소나를 활용해서 글을 쓰면, 개구쟁이 같은 특징이 묻어나올 수 있다.

막힌 혈을 뚫는 페르소나 글쓰기를 다시 정리해 보자.

첫째, 나의 페르소나를 최대한 많이 정리한다.

둘째, 한가지 페르소나를 콕 집어서 정한다.

셋째, 새로운 페르소나를 장착하고, 그 역할에 심취해서 글을 쓴다.

기존과 다른 페르소나를 갖고, 완전히 다른 소재를 다루면 새로운 결과물을 맛볼 수 있다. 재미와 흥미가 되살아난다. 페르소나는 왜 이렇게 강력한 힘이 있을까? 외국어를 잘하는 사람은 누구나 공통 적으로 느껴본 경험이 있다. 외국어 할 때와 모국어를 할 때 인격이 달라진다. 말투부터 억양, 성격까지 모든 게 달라진다. 단순히 외국어를 하기에 달라지는 톤의 변화가 아니다. 사고의 흐름 자체가 변한다.

실례로 필자는 중국어 할 때 훨씬 과감하다. 사고가 자유롭다. 한국어는 어릴 때 억압된 정신상 태에 있었기에 기저에 약간의 겸손이 묻어나오지만, 중국어는 그런 게 없다. 거침없이 구사한다.

　누군가는 이거 그냥 말장난 아닌가요? 라고, 반문할 수 있다. 전혀 그렇지 않다. 생각해 보자. 누구도 태어날 때부터 전문가인 경우는 없다. 어떤 역할이든 우연히 혹은 의도적으로 선택해서 발전시킬 뿐이다. 페르소나 글쓰기가 가능한 것은 인간의 역할이 정해진 게 아니라, 선택 여하에 따라 바뀌기 때문이다. 이런 방법을 추천하는 이유는 당신이 열정을 가지고 계속 쓰기를 바라기 때문이다.

　멈추지 말고 계속 써야 한다. 경기장 밖에서 머무르지 않고, 과감하게 뛰어들고 싸우자.

_____ 5장

글쓰기가 당신의 미래
30년을 책임진다

가장 먼저 만족시켜야 할
사람은 자신이다

올해 초 "평범한 사람도 1년 만에 연봉 2배 올리는 글쓰기 비법"을 쓰겠다고 결심했다. 사전 작업으로 글쓰기 책을 40권 넘게 보았다. 이미 직장에서 최소 1,500자 이상 글을 매주 5편 이상 작성했기에 글쓰기에도 자신 있었다. 처음 한 달간 거침없이 초고를 완성했다. 아이디어가 유튜브 알고리즘처럼 무한대로 떠올랐다. 전체 원고 60%에 해당하는 내용이 탄생했다. 그 후 회사를 옮기고 바빠지면서 책 쓰기를 잠시 내려놓았다. 그런데 마케팅 일을 하면서 글 쓰기, 책 쓰기의 중요성은 더 올라갔다. 결국 모든 일은 글쓰기에서 출발했다. 글쓰기가 필요한 사람들을 만나면서 확실한 해법을 제공하고 싶다는 열망이 커졌다. 미완의 원고를 하루빨리 완성 시켜서 세상에 알리고 싶어, 책을 꼭 완성하겠다고 다짐했다. 다시 책 쓰기에 착수했지만, 예전만큼 진도가 팍팍 나가지 않았다. 자기표현이 자유롭지 않았다. '대체 왜 그럴까?' 깊게 고민했다. 내가 떠올린 생각은 다음과 같다.

'글쓰기 책'은 평생 한 권만 쓸 거 같은데 기왕이면 '완벽하게' 써서 인정받고 싶다.
아직 글쓰기로 대단한 성과를 남긴 것도 아닌데 지금 써도 괜찮을까?
원고를 투고 했을 때 아무 반응이 없으면 어떻게 하지?

진도가 나가지 않는 이유를 가슴에 물어보니, 걱정과 두려움이 공존하며, 수면 위로, 떠올랐다 사라졌다. 책을 쓴다는 게 잠시나마 '부담'으로 느껴졌다. 이런 걱정은 인간이라면 누구나 본능적으로 할 수 있다. 하지만 이성적으로나 확률적으로 봤을 때 내가 남들에게 글 쓰기 관련 조언을 할 수 있을 정도로 역량을 갖췄고, 책을 내는 게 무조건 현명한 판단이라 생각했다. 오직 머릿속에서만 존재하는 '부담'을 쇠망치로 깨부수고 책 쓰기에 몰입하기 위해 온갖 방법을 활용했다.

우선 사회적 약속의 힘을 빌렸다. 여자친구 통장에 200만 원을 입금했고 2023년 12월 31일까지 투고하지 않으면, 돈을 돌려받지 않겠다고 못을 박았다. 출간은 내 손에 달리지 않았지만, 투고는 의지대로 할 수 있기 때문이다. 책임감을 발동시켜 나를 끝까지 밀어붙이기 위한 수단이었다.

그리고 영감이 되는 책을 한 권 찾았다. 어느 날 강남 교보문고에 갔는데, 베스트셀러 매대에 "창조적 행위, 존재의 방식"이라는 책이 있었다. '창작하는 사람'에게 필요한 책이라는 광고 문구를 보았고, 지지부진한 상태에 있는 나를 거세게 흔들어 줄 것 같다는 기대감이 생겼다. 산발한 머리의 현자 같은 릭 루빈(Rick Rubin) 작가가 소금 같은 영감을 줄 수 있다고 기대했다. 결과는 현명한 결정이었다.

막혔던 혈이 '뻥' 하고 뚫렸다. 릭 루빈은 미국 대중음악 역사상 가장 뛰어난 프로듀서 중 한 명으로 손꼽힌다. 지금까지 빌보드 차트 TOP10 안에 올린 앨범만 40장 이상이다. 이 책은 창작자가 창작의 모든 프로세스를 어떻게 바라봐야 하는지에 대한 신선한 관점을 선사한다. '한 가지 명확한 길'을 제시해 주길 바라는 사람에게는 어울리지 않을 것이다.

하지만 모든 방법을 모색해서 창작의 고통을 즐거움으로 바꾸려는 사람에게는 큰 도움이 될 것이다. 그는 이렇게 말한다.

"작품을 세상에 내놓는 것에 대한 걱정은 깊은 불안에서 비롯된 것일 수 있다. 남들이 나를 판단 어떻게 할까, 오해받을까, 무시당할까, 나를 싫어할까, 두려워서일지도 모른다. 다른 아이디어가 또 떠오를까? 이렇게 좋은 아이디어가 다시 떠오를까? 누가 신경 쓸까?

완성된 작품을 내보내는 과정은 자신 또는 작품이 사람들에게 어떻게 받아들여질지에 대한 생각을 내려놓는 것이기도 하다. 예술 작품을 만들 때 관객은 가장 나중에 고려해야 할 부분이다. 마음에 드는 작품이 완성될 때까지 그 작품이 어떻게 받아들여질지 어떤 식으로 세상에 내놓아야 할지는 생각하지 말자."

이 구절을 보고 많은 상념이 떠올랐다. 책이 완성되기 전부터, 나는 다른 사람한테 어떻게 강력한 영향을 미칠지를 생각했다.

그러자 반응에 연연하는 마음 상태가 생겼다. 잘못된 길에 들어섰다. 초고가 100% 완성되기까지 오로지 어떤 내용을 담을지, 무슨 메시지를 전달할지에 만 집중 해야 한다. 그래야 동력을 유지한 채 마무리 지을 수 있다.

인정할 건 인정해야 한다. 우리는 타인의 생각이나 반응을 통제할 수 없다. 다만 내가 가진 역량 안에서 전력투구할 뿐이다. 빌보드 차트 TOP10에 앨범 40개를 집어넣은 릭 루빈도 다른 사람의 생각을 통제하는 방법은 없다고 단언한다. 수많은 베스트셀러 음반을 만들었지만, 그 역시 확실한 히트 상품을 만드는 방법 따위는 모른다. 창작 업계의 초고수 고백에 '꼭 해내야 한다. 한방에 히트 쳐야 한다'라는 생각이 얼마나 불필요한 무게감을 더하는지, 머리가 아닌 가슴으로 이해됐다.

내 마음 상태를 점검했다. 책을 쓰게 된 초심을 들여다보니, 모든 사람이 글을 편하고 쉽게 쓰도록 도와주고 싶다는 마음이었다. 나는 한 사람이 잠재력을 100% 끌어내는 것을 보는 게 즐겁다. 나를 통해서 조금이라도 잠재력이 개발된다면 기분이 좋다.

사실 글쓰기 자체는 어려울 게 전혀 없다. 하지만 글쓰기를 가로막는 심리적인 요인은 시시각각 당신을 괴롭힐 수 있다. 그렇기에 이 책에서 사람이 글쓰기에 대한 부담을 최소화하고, 숨 쉬듯 글을 쓰는 프로세스를 제시할 것이다. 하지만 아무리 좋은 프로세스에 따라서 글을 쓰더라도, 매번 성공을 이룰 수는 없다. 성공은 운의 영역에 속해 있다. 평균 이상으로 꾸준히 해내는 것이 실력의 영역에 있다. 그러니 꾸준히 쓰는 것에 초점을 맞추자.

릭 루빈은 "풍요의 마인드셋"에서 이렇게 말한다.

'예전 작품은 새 작품보다 낫지 않다. 새 작품이 예전 작품보다 낫지 않다. 예술가의 인생에는 굴곡이 있기 마련이다. 과거에 황금기가 있었고, 이미 지나갔다는 생각은 당신이 그렇게 생각할 때만 사실이다. 그저 매 순간, 매 챕터마다 최선을 다하기만을 바라야 한다.'

미국에서 가장 유명한 프로듀서도 다음 작품이 어떤 결과가 나올지 담보할 수 없다. 어떤 작품이 성공할지 누가 알까? 그렇기에 작품 활동 자체에 대한 즐거움이 언제나 있어야 한다. 결과를 담보할 수 없지만 계속 시도해야 하는 게 콘텐츠를 만드는 사람의 숙명이다. 유일한 방법은 나에게 주어진 조건과 환경 속에서 최선을 다하는 것이다.

글쓰기는 모든 콘텐츠로
확장되는 코어 기술이다

필자가 어렸을 때는 만화가 귀했다. 스마트폰이나 넷플릭스도 없어서 TV에서 방영되는 만화를 한 번 놓치면, 언제 다시 볼지 기약도 없었다. 학원은 빼먹더라도, 만화는 본방 사수를 하고 싶었다. 어린 소년에게는 야속한 세상이었다. 어쨌든 당시에 "그랑죠"라는 만화가 있었다. 주인공들이 위기가 찾아오면, 웅장한 BGM과 함께 로봇을 불러낸다. 일당백으로 온갖 적들을 물리친다. 하지만 마지막으로 갈수록 적들은 점점 악랄하고 강해진다. 감당할 수 없는 강력한 악당들이 주인공들을 코너로 몰아넣는다. 이때 로봇 만화의 클리셰가 등장한다.

돈이 되는 글쓰기

바로 합체다. 여러 기체가 하나로 뭉쳐서 웅장한 자태를 뽐낸다. 가슴이 뜨거워지는 합체 장면을 보면, 어마어마한 강적도 결국에는 쓰러지고 지구가 안전해질 거라는 안도감이 든다. 로봇 만화의 특성상 언제나 '코어 로봇'이 있다. 코어 로봇은 몸통을 차지하고 팔, 다리 역할을 하는 기체가 붙어서 강력한 존재로 변모한다.

글쓰기도 마찬가지다. 전형적인 코어 스킬이다. 글쓰기는 모든 콘텐츠로 확장하는 핵심 역량이다. "원피스"라는 만화 작가인 오다 에이치로는 '모든 이야기는 한 장의 낙서에서 비롯됐다'라고 말한다. 모든 콘텐츠의 출발은 한 편의 글에서 시작된다. 중심이 흔들리면, 전체가 불안해지듯, 코어 기술부터 견고하게 다져야 한다.

그렇다면 글쓰기가 어떻게 콘텐츠로 발전할까? 글과 사진이 결합 되면 인스타그램이 된다. 글과 영상이 더해지면 유튜브를 운영할 수 있다. 글과 말이 조합되면 강의를 할 수 있다. 글을 반복적으로 누적하면 책이 된다. 글은 그 자체로 힘이 있지만, 목적에 맞게 이합집산할 때 더욱 강력해진다.

필자가 글쓰기로 확장한 다양한 콘텐츠 활동을 설명해 보겠다. 2020년 8월부터 12월까지 중국 bilibili란 플랫폼에 188편의 영상을 올렸다. 당시 중국 엔터테인먼트 회사에 다녔기에, K-POP 소식을 알려주는 한국롱오빠라는 콘셉으로 영상을 찍었다. 중국은 유튜브를 보지 못하게 막아 놓았기에, 중국에서 가장 인기가 많은 유튜브와 유사한 플랫폼에 영상을 올렸다. 몇 가지 예를 들면, 여자아이들 중국 멤버 송우기가 한국에 온갖 예능에 출연하며 주가를 높이고 있었다. 중국 출신 아이돌답지 않게 한국어도 준수하게 구사했다. 붙임성도 뛰어나서 한국에서 상당히 인기가 있어서 자신의 이름을 내건 예능도 찍을 정도였다. 그래서 중국인의 감성을 자극할 수 있는 '송우기가 한국에서 예능 블루칩이 된 이유'라는 영상을 제작했다. 4분 정도 영상이었는데, 조회수가 27만 회 정도 나왔다. 그리고 에스파 〈블랙맘바〉의 비밀을 파헤쳐 보자는 주제로 분석 영상을 3분 정도 만들어서 11만 조회수를 기록했다. 당시 작업 프로세스는 이랬다. 한국 유명 스타, 아이돌 이야기를 다루는 사이트를 저장해 두고, 특정 시간에 몰아서 정보를 취합한다. 쓸만한 주제가 선정되면 중국어로 전체 대본을 작성한다. 그리고 외워서 영상을 찍었다. 1편을 기획, 촬영, 편집까지 4시간 정도 소모되었다. 이렇게 글쓰기를 기반으로 영상을 제작했고 몇 달 동안 약 6,000명 구독자와 총조회 수 500만을 만들 수 있었다.

예전 직장에 있을 때는 9개월 동안 매주 평균 5편의 유튜브 대본을 작성했다. 그중 4편은 1,500자 이상으로 구성했다. 국내 최고 실력자의 입을 대신하는 작업이라, 공부를 게을리할 수 없었다. 몇 달 동안 100권이 넘는 책을 보면서 지식수준을 한껏 끌어올렸다. 이 작업 역시 문해력과 글쓰기 실력이 바탕이 되지 않았다면 불가능했다. 글쓰기 실력을 갖췄기에, 다른 사람과 협업도 할 수 있었다.

마케팅 회사에 일할 때도 마찬가지다. 예를 들어, 블로그 글을 쓸 때는 보통 상위노출을 염두에 둔다. 온갖 툴을 활용해서 최적의 키워드를 발굴하고, 글 속에 알맞게 배치한다. 가독성을 최대한 끌어 올리고 사진을 적절하게 삽입하면 글 한 편이 뚝딱 완성된다. 3편 글이 연속해서 상위노출 된 적도 있다. 글쓰기라는 코어 기술이 있으면, 나만의 프로젝트는 물론이고, 다른 사람과 유기적으로 협업할 수 있다.

또한 퍼스널 브랜딩 과정을 통해서, 글쓰기나 콘텐츠 제작을 처음 접한 분들도 도와주고 있다. 사람들이 글쓰기 하지 않는 이유는 크게 3가지다.

첫째, 동기부여가 되지 않았다. 글을 왜 써야 하는지 이유를 모른다.

둘째, 글쓰기에 대한 막연한 두려움이 있다.

셋째, 글쓰기를 잘하는 방법을 모른다.

필자는 이 3가지를 중점적으로 파고들며, 사람들이 누구나 글쓰기를 친숙하게 느낄 수 있게 인도한다. 열정을 갖고 반복해서 쓰면 글쓰기 실력은 반드시 늘어난다. 추가로 몇 분과는 책 쓰기도 함께하고 있다. 제목 설정, 목차 선별, 내용 작성까지 모든 과정에서 내가 가진 글쓰기 역량과 책에 대한 이해도를 전수하고 있다. 이미 진도가 많이 나간 분들이 있다. 이렇게 글쓰기와 수업을 결합하면서 코치로서 역할도 수행하고 있다.

필자는 올해로 헬스를 3년 이상 꾸준히 하고 있다. 헬스에는 3대 운동이 있다. 데드리프트, 스쿼트, 벤치프레스. 이 3가지 운동이 핵심이 되는 이유는 첫째, 복합 관절운동으로 더 많은 근육을 자극한다. 둘째, 고중량을 다룸으로써 남성 호르몬을 자극한다. 말 그대로 운동의 기본기다. 한 분야를 통달하기 위해서는 기본, 핵심부터 익혀야 한다.

글쓰기는 모든 콘텐츠로 확장되는 코어 기술이다.

다른 기술과 결합 될 때 무한대의 가치를 지닐 수 있다.

이 책을 끝까지 보면서 글쓰기 기본기를 철저하게 익혀보기를
바란다.

글쓰기가 당신의
미래 30년을 책임진다

"정년퇴직까지 몇 년 남으셨나요?"

직장에서 헌신할 수 있는 기간이 몇 년 남았는지 계산해 본 적이 있는가? 미래에셋 투자와연금센터 22년도 분석 자료에 의하면, 평균 퇴직 연령이 49.3세라고 한다. 정년퇴직하는 인원은 전체 10%에 불과하며, 자발적 퇴사가 49%, 권고사직, 명예퇴직, 정리해고, 사업 부진, 직장 휴폐업으로 인한 비자발적 조기 퇴직 비율은 41.3%에 달한다. 일반적으로 60세를 정년퇴직 나이로 규정하지만, 현실에서는 50세가 넘으면 자발적이든 비자발적이든 회사와 영원히 작별 인사를 해야 한다는 의미다.

단순 계산으로 50세에 퇴직한다고 할 때, 당신은 앞으로 몇 년 남았는가? 그 후에 무엇을 할 계획인가? 남녀 불문하고 50세에 퇴직하면 30년은 먹고사는 것을 걱정해야 한다. 통계청이 발표한 KOSIS 지표에 따르면 대한민국 평균 기대 수명이 2021년에 남자 80.6세, 여자 86.6세였다. 다르게 표현하면, 아이가 세상에 태어나면 남녀 평균 83.6세는 거뜬히 산다는 의미다.

2023년 한 통계에 따르면, 우리나라 코스피 상장기업들의 평균 수명은 33년이다. 대한상공회의소에 따르면, 320만 개 중소기업의 평균 수명은 12.3년이며, 30년 이상 장수기업은 6.6%에 불과하다. 중소벤처기업 연구원에 따르면, 2020년 기준, 창업한 기업은 148만 개이지만, 이들 기업의 5년 차 생존율은 29.2%라고 한다.

이게 무슨 뜻일까? 개인의 수명이 기업의 수명보다 훨씬 길다는 뜻이다. 평생직장은 완전히 불가능하다. 당신이 특정 기업에 목숨 걸고 싶어도, 그 기업이 경쟁에서 살아남지를 못한다. 정년이 도래해서 혹은 기업이 경쟁에 밀려서, 홀로서기를 해야 하는 순간이 반드시 온다. 중국 알리바바 마윈 회장은 자신의 창업 여정에 대해서 이렇게 말했다. KFC 알바 면접에서도 나를 뽑지 않았다. 아무 데도 갈 곳이 없어 창업했다. 기업에 온전히 의존할 수 없기에 자기 것을 해야 하는 시대가 오고 있다.

심지어 의학이 계속 발전하고 있으므로 기대 수명은 더 늘어날 전망이다. 50세에 퇴직하면 최소 30년은 더 살아야 한다. 2021년 잡코리아 인사 채용 담당자가 377명 대상으로 조사한 바에 따르면, 실제 채용된 청년 취업자 평균 연령은 남성 30세, 여성 27.3세였다. 다시 말해, 회사에서 20년 일하면 남은 30년은 알아서 해결해야 한다. 아득한가? 이 기간을 어떻게 보내는지가 삶의 질을 좌우한다. 단순히 먹고사는 문제가 아니다. 전 세계 GDP 10위권인 경제 대국 대한민국에서 굶어 죽기란 불가능에 가깝다. 절대적인 빈곤은 사라진 지 오래다. 현실적으로 인간의 '생존'을 옥죄는 상황은 존재하지 않는다. 그렇다면 일을 통한 존재감 확보가 중요해진다.

사람은 누구나 존재감이 필요하다. 다른 사람에게 인정받는 건 부차적이고, 이 사회에 공헌하며 가치를 발휘하며 살아가고 싶어 한다. 대표적인 행위가 '일'이다. 사람은 일로서 사회적인 가치를 창출하고, 정당한 보수를 받는다. 여기서 공헌감을 얻는다. 문제는 '퇴직' 후에 이런 풍부한 감정을 얻기가 쉽지 않다는 사실이다.

그래서 퇴직 후 많은 사람이 자영업에 도전한다. 다들 정말 이상하리만큼 자영업은 쉽게 생각한다. 자영업은 종목 불문하고 5년 내 폐업률이 7~80%에 달한다. 완전히 폐업하는 게 그 정도이니, 죽지 못해서 버티는 기간은 3~4년 때부터 시작될 것이다. 보통 자영업자들의 사업 준비 기간이 3개월 미만 50%, 6개월 미만 70%를 차지한다는 통계가 있다. 나를 받아주는 회사는 없고, 돈은 벌어야 하니 궁여지책으로 가게라도 차려보는 것이다.

문제는 이런 식의 접근이 고위험에 낮은 이익이라는 점이다. 자영업으로 큰돈을 버는 사람은 소수다. 피땀 흘려서 모은 퇴직금마저 쏟아붓고 장사가 안되면 빚더미에 올라선다. 설령 장사가 잘돼도, 시간과 에너지를 갈아 넣어야 하기에 삶의 질도 그다지 높지 않다.

돈이 되는 글쓰기를 추천하는 이유는 직장 생활이 아직 많이 남은 시점에서, 낮은 위험성으로 새로운 도전을 할 수 있기 때문이다. 글을 써서 콘텐츠를 만들고, 자신만의 전문성을 알리는 일은 위험성이 적다. 기껏 해봐야 여가 시간을 좀 갈아 넣을 뿐이다. 어차피 시간이 남으면 무익한 영상이나 보면서 뒹굴뒹굴할 텐데, 자신의 전문성을 녹인 글이나 쓰는 게 백배 이득이다.

위험성은 적지만 이렇다 할 영향력을 만들기까지는 시간이 필요하다. 이 글을 보고, 글쓰기가 편해졌다고 할지라도 몇 년 동안 꾸준히 콘텐츠를 발행하고 수익화하는 노력을 해야 한다.

한 가지 주제를 선정하고, 해당 주제의 도사가 되기까지 인고의 세월이 필요하다. 요즘에는 그 기간을 최대한 단축하는 추세이지만, 제로로 만들 수는 없다. 위험성 없이 혼자 무언가 준비하기에는 글쓰기만 한 게 없다. 게다가 완전히 익명으로 시작할 수 있기에 회사의 간섭 없이도 혼자서 묵묵히 준비할 수 있다.

물론 기본적으로 회사 일을 열심히 하는 게 가치 있다고 생각한다. 사내에는 개인으로는 접촉할 수 없는 정보나 기술이 있기 마련이다. 그것이 회사라는 울타리 안에서는 활용할 수 있다. 시야가 넓어지고 그것을 바탕으로 먼 미래까지 상상할 수 있다. 대기업을 추천하는 이유 중 하나가 글로벌 시야를 공유받을 수 있기 때문이다. 그리고 팀 단위로 일하는 경험을 누적할 수 있다. 지식 창업을 하게 되면 아무래도 혼자 일하는 시간이 길어진다. 요즘에는 촬영, 편집, 이미지 등 제작 기술이 간소화되어서 누구나 간편하게 접근할 수 있지만, 여전히 전문가의 영역이 존재한다. 팀 단위로 일하면 각 세부 분야별로 도움을 받을 수 있고 전체적인 콘텐츠 질을 높이는 데 도움이 된다.

하지만 언젠가 떠나야 하는 건 명백한 사실이다. 그렇기에 퇴근 시간이나 주말을 이용해서, 개인의 가치를 올려야 한다. 포인트는 '퍼스널 브랜딩'이다. 여러분 스스로 브랜드가 되어야 한다. 브랜드가 된다는 게 어떤 의미일까? 만약 여러분이 회사에 국한된 사람이라면, 특정 회사를 나가는 순간 몸값이 하락한다. 하지만 브랜딩이 되어 있다면, 비교적 적정 수준의 몸값을 유지할 수 있다.

당신이 한 분야 전문가로 이름을 날리고 있다면, 회사에 의존하지 않아도 타인과 협업할 수 있다. 실력 있고 경력이 탄탄하면 누구 와도 결합할 수 있다. 그런데, 회사에 기대어 자신만의 경력을 쌓지 않았다면, 이력서 몇 쪼가리에 의존해서 타인을 설득해야 한다. 요즘 같은 시대에는 잘 먹히지 않는다. 심지어 이력서는 날조도 쉽다. '포드폴리오'가 있어야 하고, 이는 글쓰기에 기반을 두고 있다. 온라인상에서 자신만의 작품을 계속 만들고, 실적을 기록하면 다른 사람과 시너지를 낼 수 있다. 온라인은 거대한 바다와 같다. 하지만 본인만의 영토를 확보했다면, 느슨한 유대의 힘을 경험할 수 있다. 필자는 2018년에 첫 책 "1년 만에 중국어 통번역사가 된 비법"을 출간하고, 2023년에도 가끔 DM으로 연락하시는 분들이 있다. 우리는 느슨하게 또 긴밀하게 연결되어 있다.

한 가지 예를 들어보자. 'KT Enterpreis' 부문장을 맡고 있는 "일의 격" 저자 신수정 님은 슈퍼 직장인이다. 회사에서 고과를 인정받고 실적도 높다. 그런데도 온라인상에서 끝없이 글쓰기를 해왔다. 2010년부터 트위터를 하면서, 10~20분 정도 시간을 들여서 배우고 깨달은 사실을 트위터에 남겼다. 4년 정도 꾸준히 해서 팔로워도 2만 명까지 생겼다. 2013년 하반기에는 페이스북으로 본진을 옮겼고 삶과 일, 경영과 리더십에 대한 단상을 남겼다. 2021년 4월에는 17,000명 페이스북 친구가 팔로워 한 규모 있는 채널로 성장했다. 만약 그가 온라인상에서 꾸준히 활동하고 책을 출간하지 않았다면 나는 평생 그를 알지 못했을 것이다. 설령 그가 직장에서 피땀 눈물을 쏟고 가치를 창출했다고 할지라도, 온라인상에서 족적을 남기지 않았다면, 외부 사람이 알 도리가 없다. 다른 사람이 그를 모른다는 건 좋은 기회가 생겼을 때, 제안 대상에도 포함될 수 없다는 의미다.

"10배의 법칙"의 저자 '그랜트 카돈'은 이렇게 말한다.

"엄청난 행동을 하면서, 사람들의 칭찬이나 일하는 시간, 벌어들이는 돈에 대해서는 너무 많이 생각하지 말라. 그보다는 자기 삶과 미래가 엄청난 행동량을 발휘하는 능력에 달렸다고 생각하며 하루하루를 살아야 한다. 내가 가진 문제는 다른 회사와 벌이는 경쟁이 아니라 '이름 없음(무명)'이었다. 내가 누구인지 아는 사람이 아무도 없었다. 새로운 사업체를 세울 때마다 부딪히는 가장 큰 문제가 바로 '이름 없음'이었다."

지금 바로 글쓰기를 배워서 '이름 없음'의 함정에서 벗어나야 한다. 글을 써서 인지도가 생기면 무언가를 도모하기에 훨씬 수월해진다. 2018년에 책 1권을 쓰고 뜻밖에도 많은 분이 필자를 알아봐 주셨다. 신라 호텔에서 갑자기 누군가 중국어로 말을 걸면서 내 책의 독자라고 서비스를 주기도 했다. 어안이 벙벙했다. 5년 전에 썼던 책으로 지금까지 필자를 알아본 사람이 있었기 때문이다.

회사에서 퇴직하지 않고도, 안전하게 퍼스널 브랜딩하기 위한 최적의 도구는 글쓰기다. 이것을 능숙하게 활용하는 법을 익히면, 퇴직 후가 든든할 것이다. 무엇을 해도 뒷심 있게 해 나갈 수 있다.

글쓰기는 문해력을
기하급수적으로 올려준다

"심심한 사과를 드립니다."

"왜? 사과를 심심하게 하나요? 진지하게 해야지."

　젊은 사람들이 심심하다는 단어에 '깊게'라는 뜻이 있다는 걸
몰라서 벌어진 해프닝이다. 요즘 젊은이들의 문해력 문제가 사람
들의 입방에 오르내리고 있다. 과거와 달리 최근에는 문해력이
약한 사람이 늘고 있다. 문자를 해석하는 능력이 현저하게 떨어
졌다. 우리나라 40대 이상 인구의 문해력도 OECD 국가 중에 가
장 낮은 것으로 나왔다. 전 세계 10대 경제 대국인 대한민국이 어

째서 때아닌 문해력 문제에 골머리를 썩이고 있는 걸까?

우리가 문해력이 떨어지는 이유부터 찾아봐야 한다. 그래야 문제의 실마리를 찾을 수 있다. 결론적으로 말하면, 상상력을 요구하지 않고, 모든 걸 떠 먹여주는 영상이 범람하기 때문이다. 뇌의 기능을 마비시키는 영상을 자주 접하다 보니, 문자를 해석할 이유도, 그 해석을 바탕으로 자신만의 사유와 언어를 구축할 필요가 없게 되어버렸다. 예를 들어 소설을 볼 때는 주어진 영상이나 사진이 없다. 그래서 오직 상상력에 의존해 머릿속에서 하나의 세계를 만들어야 한다. 하지만 영화나 드라마의 경우 시각적인 정보를 최대한 마련해준다. 개인이 능동적으로 상상할 필요가 없게 만든다. 게다가 지금은 1분짜리 쇼츠가 유행하고 있어 사람들의 집중력 문제, 문해력 문제가 두드러지고 있다.

그런데 문해력이 낮으면 대제 무슨 문제가 일어날까? 우선 나른 사람과 소통이 어려워진다. 복잡하고 긴말이나 글을 해독하는데 어려움을 겪는다. 게다가 '금일'을 듣고 금요일로 이해한다면 소통의 비용이 너무 많이 든다. 문해력이 낮으면 다른 사람과 의사소통의 난도가 높아진다. 회사에서 업무 할 때 문해력은 더 큰 이슈다. 사실 문해력이 낮더라도 비슷한 수준의 사람들과 대화를 나눈다면 그다지 불편할 게 없다. 각자 알아들을 수 있는 한정된 범위 내에서 소통하면 된다.

하지만 일이라는 것은 본 질적으로 다양한 연령대와 이야기를 나눠야 한다. 나의 언어 체계를 뛰어넘어서 상대의 언어 체계를 이해할 수 있어야 한다. 문해력이 낮으면 직업을 갖거나 확장하는 데 불리해진다. 결국 큰돈을 벌 수가 없다.

또한 문해력이 떨어지면, 자기 생각이나 감정 표현을 한정적으로밖에 할 수 없다. 예를 들어, "완전 대박"이란 말로 모든 종류의 감탄사를 대체한다. "오늘 기분이 너무 짜증 나." 사실 맥락에 따라, 놀랍거나 당황하거나 실망하거나 좌절할 수 있다. 하지만 한정된 어휘만 있다면 소통이 단조로워진다. 언어는 생각을 담는 그릇이다. 자기 생각과 감정을 세밀하게 표현할 때, 인생도 그만큼 풍부해진다.

문해력을 한마디로 하면, 말과 글의 핵심을 파악하는 능력이다. 핵심을 빠르고 정확하게 파악한다면 문해력이 높다고 볼 수 있다. 그렇다면 문해력을 높이기 위해서는 어떻게 해야 할까? 필자가 실제로 3년 동안 했던 연습을 소개해 보겠다. 나는 2012년에 한국외대 통번역대학원에 진학하기 위해서, 전문 입시학원에서 중국어 통번역을 공부했다. 일단 전문 통번역사를 꿈꾸기 위해서는 기본적으로 모국어인 한국어와 외국어를 원어민처럼 구사할 수 있어야 한다. 나는 당시 4년 동안 매일 10시간 이상 중국어를 공부하며 상당한 실력을 쌓았다. 이를 바탕으로 통번역사라는 꿈을 꾸게 된다.

그때 학원에서 '노트테이킹'이란 기술을 배우게 됐다. 쉽게 말해서 긴 글을 듣고 부호나 키워드로 요약해서 쓰기다. 예를 들어, 수업 때 선생님이 중국어로 쓰인 5분 분량의 글을 낭독한다. 그러면 학생들은 빈 종이에 그 내용을 부호나 키워드로 적어 둔다. 선생님의 발화가 끝나면, 본인이 적은 부호를 보면서 한국어로 통역한다. 반대로 한국어를 듣고 '노트테이킹'하고 중국어로 말하기도 했다. '노트테이킹' 훈련을 대학원 입시 1년, 대학원 2년, 총 3년을 했다. 통역 현장에서도 이 기술을 활용했으므로 더 오랜 기간 썼다고 봐야 할 것이다.

나는 이 연습을 하면서 핵심을 파악하는 문해력이 강화되었다. 이 연습의 요지는, 긴 정보를 전부 무작위로 종이에 적는 게 아니다. '핵심 정보'만 추리는 것이다. 말의 구조를 파악해서, 자신만의 언어로 치환시키는 거다.

그럼, 여러분은 평소에 어떤 연습을 통해서 문해력을 기를 수 있을까? 만약 유명 인사의 특강을 들으러 갔다면, 1시간 특강을 들으면서 종이에 키워드와 구조를 적어보자. 상대의 발화가 끝나면, 다시 자기 말로 요점을 정리해 보자. 이때, 발화자의 말을 100% 외우는 것에 집착하지 말자. 내용이 맞고 틀리고는 중요한 게 아니다. 우리가 공부하는 이유는 누군가에게 일방적으로 지식을 주입 받기 위해서가 아니다. 스스로 활용할 수 있는 고유의 지식을 얻기 위함이다.

평소 회사에 다닐 때, 회의를 마치고 자기 말로 변환시켜 보는 과정이 꼭 필요하다. 이렇게 짧은 형태의 글쓰기가 문해력을 크게 상승시킬 것이다. 또 하나의 방식은 1편의 지식 전달 유튜브를 보고, 자신의 언어로 설명해 보는 것이다. 이렇게 주요 정보를 파악하고, 자기 말로 풀어 쓰려고 할 때 문해력은 향상되게 된다.

글쓰기는 문해력을 크게 향상한다. 일단 글을 쓰기 위해서 책을 많이 읽게 되고, 긴 문장을 해석하는 능력이 저절로 올라간다. 그리고 글을 쓰려면, 내용을 요약하고 정리하는 힘이 생긴다. 내 주변에 글을 자주 쓰는 사람치고 문해력이 떨어지는 경우를 보지 못했다. 문자도 빠르게 해독하고, 거기서 핵심도 금방 파악한다.

돈이 되는 글쓰기

요즘 시대에 문제로 대두되고 있는 문해력을 해결하려면, 글을 꼭 써야 한다.

글쓰기로 천천히
몰입하기의 힘

"최근에 1시간 정도 딴짓하지 않고 한 가지 일에 100% 몰입한
적 있나요?"

이 물음에 많은 사람이 겸연쩍은 듯 고개를 가로젓는다. 보통
1시간은커녕 30분도 못 버틴다. 몸이 꽈배기처럼 꼬이고, 핸드폰
이 자석처럼 손에 달라붙는다. 안타깝게도 이 질문을 하는 나도
마찬가지다. 하지만 집중력이 떨어진 현실을 모두 개인 탓으로만
돌릴 수 없다. 수많은 기업이 사람들의 집중력을 훔치기 위해 미
친 듯이 노력하고 있다. 모든 사람의 집중력이 파편화되어 있고,

돈이 되는 글쓰기

한 가지 일에 몰두하는 게 희귀해졌다.

〈도둑맞은 집중력〉에 따르면, 하버드 대학에서 인터뷰할 때, 한 교수는 학생들에게 짧은 책조차 읽히기 힘들어서 갈수록 책 대신 팟캐스트나 유튜브 영상을 알려주고 있다고 말했다. 세계 최고의 인재들이 모여 있는 하버드에서도 집중력이 문제 되고 있다.

필자의 실제 경험도 마찬가지다. 20살 중국 유학을 시작할 때, 수중에 있는 전자기기라고는 전화와 문자만 되는 핸드폰, 결제한 비용만큼만 쓸 수 있는 인터넷, 그리고 전자사전 정도였다. 컴퓨터로 인터넷을 맘껏 이용하는 건 과한 욕심이었다. 게다가 속도도 거북이 같았다. 그때는 책을 2~3시간 동안 시간 가는 줄 모르고 본 적도 흔치 않게 있다. 1시간 정도 집중을 유지하는 건 쉬운 편이었다. 나를 방해하는 요소가 적었고, 중국어라는 과제에 100% 몰두할 수 있었다.

하지만 '과잉 정보 시대'가 도래하면서, 나를 포함해 모든 사람의 집중력이 절벽에서 수직으로 추락하고 있다. 여러분의 핸드폰 데이터 사용량을 본 적 있는가? 나는 가끔 확인하는데, 유튜브 평균 사용 시간이 예상보다 많아서 깜짝 놀랄 때가 있다. 단순히 사용 시간이 많아서 놀란 게 아니라, 예상을 훨씬 뛰어넘어서 놀란다. 나도 모르는 사이, 시간이 시궁창 속으로 버려지고 있다는 슬픈 현실을 보여준다. 아마 우연히 한 편의 영상을 시청했고, 꼬리에 꼬리를 물고 영상을 보면서 정신이 납치당했을 것이다.

　필자가 현재 마케팅을 하는 관점에서 이런 문제점이 확연히 보인다. 최근에 최신 트렌드인 쇼츠 영상을 많이 제작하고 올린다. 남들이 나의 시간을 뺏는 것은 싫지만, 결국 비즈니스 세계에서 승리하려면, 다른 사람의 시간을 나의 콘텐츠로 채워 넣어야 한다. 그러다 보니 사람들을 1초 만에 사로잡을 수 있는 카피를 짜고, 쉽 없이 소비할 수 있도록, 허들을 최대한 낮춘다. 어떻게든 터트려야 한다는 강박이 존재한다. 집중력을 빼앗으려는 창과 뺏기지 않으려는 방패의 대결이 펼쳐진다. 어느 때는 창을 들고 싸우고, 어느 때는 방패로 힘껏 저항한다.

　유튜브 스튜디오란 기능을 통해서, 시청 시간을 파악할 수 있는데, 성공적인 콘텐츠를 만들면 1분 남짓한 영상에 사람들의 수십, 수백 시간이 사라진다. 시간 보내기로 보았던지, 의도적으로 봤던지, 사람들의 시간은 속절없이 흘러간다. 게다가 사람들은 짧은 영상을 봐도 몇 배속을 걸고 싶어 한다. 문제는 짧은 시간에 몰아서 보면, 온전히 소화할 수 없다는 사실이다. 음식을 과하게

　　　　　　　　　　　　돈이 되는 글쓰기

먹으면 배탈이 나듯이, 사람의 정신도 마찬가지다. 세상이 빠르게 변하는 만큼, 인간의 두뇌는 빠르게 진화하지 않았다. 무언가 많이 소비한 것 같은데 남는 것은 전혀 없는 헛헛함은 사람을 공허감으로 몰아넣는다.

이런 맥락에서 글을 쓴다는 것은, 자기 생각을 외부 자극에 기대지 않고 홀로 마주하는 것이다. 차분히 앉아서 글을 쓰는 행위는 이런 면에서 예술적이기도 하고 초월적이기도 하다. "빨리 많이"가 대세가 된 상황. 자신을 재촉하면 설익고 떫은맛이 나는 글만 생겨난다.

나 역시 이 책을 쓰는 과정에서 매우 바쁜 시간을 여러 차례 보냈다. 나라는 자동차는 최고 시속으로 달리고 있었지만, 그 시간마저 쪼개서 효율을 높이고 싶었다. 잠시라도 짬이 나면 글을 최대한 예쁘게 많이 쓰고 싶나는 열망을 가졌다. 그런데 글이라는 게 재촉한다고 튀어나오지 않는다.

좋은 글은 더욱 그렇다. 그냥 과거에 작성했던 스타일대로, 무의식적으로 써간다면 어려운 것도 없다. 하지만 좋은 작품을 만들기 위해서는 방해받지 않는 절대적인 시간을 확보하고, 마음을 차분히 들여다봐야 한다. 우박처럼 쏟아지는 과잉 정보 속에서,

마음을 가라앉히는 힘이 필요하다.

글에 사람들을 끌어당기는 힘이 생기려면, "빨리 많이"라는 절대 공식에서 벗어나, "차분히 진득하게" 써야 한다. 한 줄씩 생각의 밀도를 높이고 언어를 정제해야 마음을 이끄는 힘이 생긴다. 나는 주말이 되면 삶의 템포를 의도적으로 느리게 한다. 최근에서야 하는 연습이다. 전자기기를 잠시 꺼두거나 비행기 모드로 돌린다. 핸드폰을 내려놓고 한강으로 산책하러 나간다. 무엇을 지금 당장 성취해야 한다는 강박을 내려놓고, 내 안에서 여러 가지 생각들이 좌충우돌 교류할 수 있게 내 버려둔다. 이때 물샐틈없이 꽉 막힌 정신의 일 차선 도로가 뚫리면서, 여유로움이 피어난다. 어두컴컴한 동굴에 한 줄기 빛이 드리우는 것처럼, 숨 쉴 공간이 터져 나온다.

그제야 평소와 다른 생각이 나오거나, 다시금 생각의 물줄기가 흘러간다. 삶의 속도를 늦출 필요가 있다. 모든 기업은 당신의 시간과 에너지를 빼앗기 위해서 혈안이 되어 있다. 마케팅을 하는 사람 관점에서 그런 자본주의의 논리를 무지성으로 비판할 수는 없다. 생존과 성공을 위한 몸부림이기 때문이다. 하지만, 개인은 경각심을 갖고 외부의 '공격'으로부터 정신을 온전히 지켜야 한다.

정리하면 좋은 글을 쓰기 위해서 여유를 갖자. 덩어리 시간을 반드시 확보하고, 그 시간을 사수하자. 2~3시간, 최소한 1시간이라도 좋다. 그 시간만은 방해받지 말자. 온라인상에서 당신이 1시간 부재중이라고 큰일 날 것처럼 굴지 말자. 그 정도 스케일이 되려면 적어도 대통령은 하고 있어야 한다. 아니면 꼭 연락해야 할 사람들에게 미리 부재 사실을 알리면 그만이다. 그런 것도 배려받지 못할 상황은 거의 존재하지 않는다.

글을 꾸준하게 쓰기 위해서는 환경 설정이 중요하다. 외부 자극을 차단하고, 자기 생각을 계속 펌프질하여 새로운 아이디어를 끄집어내야 한다.

작가의 벽에 부딪혔다면,
모든 매뉴얼을 잊어버려라

어릴 때 "고스트 바둑왕"이라는 만화를 즐겨봤다. 바둑 천재였던 귀신이 주인공 히카루를 대신해서 바둑을 두며 현시대 바둑계를 평정하는 이야기다. 필자도 바둑에 호기심이 생겨서, 바둑부에 들어갔다. 나중에 알게 된 사실인데 그때 만화의 인기로 우리나라에 바둑을 배우는 인구가 급격하게 늘었다고 한다. 어쨌든 필자는 그때 바둑의 '정석'을 배웠다. 정석이란 특정 상황에 대응하는 일종의 매뉴얼이다. A라는 상황이 펼쳐지면 B로 대응하고, C가 발생하면 D로 막는 식이다. 정석은 어찌 보면 고리타분하다. 패턴이 일정하기 때문이다. 하지만 정석을 탄탄하게 익히면 실력

돈이 되는 글쓰기

이 일취월장한다. 어지간한 상황과 변수에 대응하는 본질적인 근력이 형성되기 때문이다. 나는 이 책을 통해 독자들에게 글쓰기 '정석의 힘'을 심어주고 싶다. 가장 핵심이 되는 부분은 5단계 프로세스다. 주제 선정, 자료 수집, 글 디자인, 집필, 퇴고, 이 프로세스는 창작의 바다 위, 나침반처럼 목적지를 향해 올곧게 나아갈 수 있게 도와준다.

생산 시스템을 이해하면, 물 흐르듯 창작할 수 있다. 문제는 '매너리즘'에 빠질 때다. 인간은 어쨌든 기계가 아니다. 한가지 상황이 반복되면 습관이 되고 어느새 매너리즘에 빠진다. 똑같은 작업 방식이 지겹고, 생산 패턴이 익숙해지면서 머리가 멈춘 것 같은 경험을 한다. 게다가 돈이 되는 글쓰기를 가르쳐도 실천하지 않는 사람들이 자주 저지르는 실수가 있다. 재료 찾기에만 열중하다가 한 줄도 쓰지 않는다. 필자는 이 책에서 '글쓰기는 자료 수집이 80%이다. 좋은 자료가 있으면 글은 저절로 써진다.'라고 '자료'의 중요성을 설명했다.

하지만, 오히려 '자료'의 권위에 짓눌려 글쓰기 자신감이 상실되는 때도 있다. 글을 쓰기 위해서 책을 참고할수록 저자의 실력에 압도당한다. "겨우 나 정도가 무슨 책을 쓴다고"라고 생각하면서 끝내 창작 활동을 나중으로 미뤄버린다. 사그라든 불씨를 키우려면 마법의 가루가 필요하다. 이럴 때는 자료도 다 필요 없이 내 안에 축적된 히든파워에 기대어 글을 쓰자. 큰 방향을 설정하고 집필 시간 혹은 분량만 정해서 내 맘 가는 대로 끝까지 쭉 써 본다. 이 꼭지를 지금 말한 방식대로 썼다.

필자도 직장인이라 평일에는 글을 쓸 시간이 없어서 주말에 몰아서 쓴다. 토요일 오후가 되도록 뾰족한 아이디어가 없었다. 묘안이 떠오르길 기대하면서 한동안 한강을 산책했다. 1시간 남짓 돌아다녔는데 번뜩이는 생각이 떠오르지 않았다. 다행히도 쓸 만한 자료를 찾겠다면서 집필을 미루지도 않았다. 줄곧 치열하게 살아온 나 자신을 믿고, 실타래를 하나씩 풀어갔다. 이 꼭지를 시작한 시간이 정확히 3시 30분이다. 2시간 동안 몰입해서 쓰기로 하고 인터넷을 차단했다. 스마트폰도 비행기 모드로 바꿨다. 나 자신을 외부와 완벽히 격리했다. 초집중 상태로 몰입했다. 물론 이렇게 하면 오탈자가 나와도 네이버 국어사전을 사용해 수정할 수 없다. 잠깐 더 좋은 자료를 찾을 수도 없다.

하지만 기억하자. 초고에 '완벽'을 가하는 건 바보나 하는 짓이다. 그게 정신적인 부담을 만들고 시도를 멈춘다. 시도하지 않으면 필패다. 사람들이 하는 큰 착각이 있다. 실패를 경험하지 않은 걸 자랑으로 여긴다. 꿈이 크다면 반드시 실수와 실패를 경험한다. 여기에 한 명도 예외가 없다. 글쓰기가 술술 풀리지 않더라도 그냥 써라. 실수와 헤맴 속에서 새로운 길이 엿보인다. 시도에 대한 가치 판단을 내려 두고 생각을 전개하자.

필자가 이렇게 글을 쓸 수 있는 이유는 평소에 열정적으로 살아왔기 때문이다. 그동안 수십 권이 넘는 글쓰기, 책 쓰기 관련 도서를 보았고 관련 강의도 많이 들었다. 매일 회사에서 다량의 글을 숨 쉬듯 쓰고 있다. 글쓰기는 일상이다. 잠깐 적합한 아이디어가 떠오르지 않았다고 멈출 이유가 없다.

다른 사람들도 마찬가지다. 괜찮은 업적을 남긴 사람들도 "아직 자료 수집이 덜 끝나서요.", "제가 이렇게 쓰면 전문가들이 비웃지 않을까요?"라면서 괜한 걱정을 한다. 하지만 다른 전문가들은 의외로 당신 작품에 별로 관심이 없다. 대중 시장에서 당신의 글이나 작품에 관심 있는 사람은 일반적인 수준의 사람들이다. 모든 시장에서 가장 큰 시장은 왕초보 시장이다. 그들을 대상으로 글을 쓰면 될 일이다. 글에 대한 준비가 탄탄하지 않다는 우려를 내려놓자. 정 두렵다면 독서하는 시간을 별도로 마련하면 된다.

바둑의 정석은 강력한 매뉴얼로 초보자를 고수로 초고속 성장시킨다. 하지만 고수끼리 경쟁에서 '매뉴얼'은 통하지 않는다. 독창적인 수를 겨루기 때문이다. 모든 분야에서 일정 수준에 오르면 탈 매뉴얼이 되어야 한다. 창작의 세계도 마찬가지다. 최적의 프로세스가 있지만, 인간은 결코 공장과 같지 않다. 항상성을 흔들면 더 독창적인 작품이 나올 수 있다.

세계적인 프로듀서 릭 루빈은 가끔 가수나 작곡가들과 협업할 때, 기상천외한 방식을 선택한다. 예를 들어, 물구나무서서 노래를 부르게 하거나, 술을 마시게 하거나, 앉아서 부르거나 서서 부르게 한다. 생산 과정을 정형화하지 않는다. 상대에 맞춰서 계속 다양한 시도를 한다. 창작의 세계는 이다지도 오묘하다. 매뉴얼은 효율을 장담하지만, 인간은 효율을 넘어서는 존재다.

필자는 이 책이, 여러분에게 글쓰기에 편하게 접근할 수 있는 매뉴얼이 되면 좋겠다. 하지만 고정된 틀에서 탈피해서 자유로움을 추구할 필요가 있다. 사람은 항상 누군가의 말과 글에 영향을 받는다. 그래서 참고 자료에 지나치게 의존하다 보면, 자신만의 색깔을 삽시간에 잃어버린다. 날카로움을 잃어버린 검객만큼 슬픈 존재도 없다. 그러니 나의 작은 생각을 무시하지 않고, 그것을 아름드리나무처럼 웅장하게 키워가자.

글은 자료 수집이 80%이다. 좋은 재료 속에 길이 있다. 하지만 재료에만 의존하지 마라. 당신이 한 분야에서 치열하게 공부한 세월이 있다면, 흐름에 몸을 맡기고 쭉 써봐도 된다. 그 안에서 독창성과 개성이 불현듯 고개를 쳐든다.

평생 즐기면서
글을 꾸준히 쓰는 법

필자는 몇 년 전에 롱젠엔터테인먼트 중국 회사에서 중국어 통번역사로 일했다. 미국에서 뮤직비디오도 촬영하고 미니 앨범도 제작되고 전 세계 투어가 계획되어 있었다. 그러다 2019년 12월 12일 코로나가 터지고 시계가 갑자기 멈추어 버렸다. 중국인 CEO는 한국에 입국할 수 없게 되고 업무가 마비되었다. 사드로 이미 활동 범위가 극히 제한되었는데, 코로나로 활동할 수 없어졌다. 사드와 코로나로 한국과 중국의 관계가 계속 삐걱거리면서, 이 일에 비전이 있는지 흔들렸다.

다양한 비즈니스를 하고 싶었는데 앞길이 막막했다. 중국어 공부에 막대한 시간과 노력을 쏟아부었기 때문에 더욱 그랬다. 그때 처음 회의를 느끼고 좌절을 겪었다. 사람이 자신감이 떨어지면 나쁜 습관이 올라온다. 당시 중국 최고로 인기를 끌던 '왕자영요'라는 모바일 '롤' 같은 게임을 했다. 내 기억에 4개월 동안 2,000판 넘게 했다. 배달 음식만 시켜 먹었더니 체중이 89kg까지 불었다.

몸도 마음도 너덜너덜해졌다. 위기를 타개하기 위해서 운동부터 다시 시작했다. 우울한 마음이 정신을 지배하니 집 밖으로 나가기 힘들었다. 걷기부터 했다. 동네를 뚜벅뚜벅 걸었다. 점점 익숙해졌다. 1단계를 클리어하고 아차산을 등산했다. 2시간 정도 땀 흘리며 갔다 오니 점점 힘이 생겼다. 체력이 올라왔다. 기분이 상쾌해지고 정신이 차려졌다.

대체 어떤 이유로 무너진 건지 나를 철저하게 분석했다. 무의식에 도사리고 있는 그릇된 철학을 돌이켜봤다. 결론은 지나치게 '결과 중심', '성과 위주'였다. 과정도 충분히 즐겼지만 '결과'에 더 의미 부여를 했다. 중국어도 사랑했지만, 중국어를 통해서 성공하겠다는 욕구가 무척 컸다.

이런 식의 접근방식을 바꿔야 한다는 생각이 들었다. 그 자체를 더 즐겨야 결국 끝까지 갈 수 있었다. 새로운 철학을 운동에 접목했다. 커피숍에 가서 운동을 다시 시작해야 하는 이유를 종이에 빼곡히 적었다. 반드시 해야 하는 이유를 철저히 찾았다. How가 아닌 Why부터 시작했다. 과거에도 6개월 이상 꾸준히 운동한 경험이 여러 차례 있었다. 운동 방법은 문제가 아니었고, 왜 해야 하는지 이유를 철저히 깨달은 후부터 운동을 열심히 했다. 처음에는 습관 형성을 위해 헬스장에 출석하는 데 의미를 뒀다. 그리고 점차 시간을 늘려갔다. 살도 빠지고 예전처럼 근육도 생겼다. 1년 정도 되니 몸이 탄탄해져서 체지방 5%로 바디프로필 촬영도 할 수 있었다.

이제는 보디빌딩 대회 준비까지 할 정도로 몸이 강해졌다. 운동을 꾸준히 한 지 벌써 4년 가까이 되어간다. 나는 '평생' 운동할 것이다. 특정 목표를 달성하거나 달성하지 못하는 것과 전혀 상관없다. 주변 사람과 비교하지 않는다. 운동 자체를 지속하는 게 최고의 목표다.

이 이야기를 꺼내는 건 글쓰기 역시 마찬가지이기 때문이다. 필자는 이 책에서 줄곧 돈이 되는 글쓰기를 통해서 퍼스널 브랜

덩이 되는 목적을 역설하고 있다. 그렇게 동기부여 되는 게 맞다. 하지만 이는 외적 동기다. 내적 동기는 훨씬 더 강하고 지속성이 있다. 나는 여러분이 글쓰기 과정 자체에서 의미를 찾기 바란다.

글쓰기를 무언가로 나아가는 디딤돌이 아닌, 글쓰기 자체가 자신의 열정을 발휘하는 과정임을 인식하자. 만약 목적성이 지나치면 어떤 일이 일어날까? 예를 들어, 글쓰기 하는 사람이 대부분 가장 바라는 게 책 쓰기다. 정말 좋은 목표지만 책 쓰기가 유일한 목적이 되면, 책을 출간한 다음에는 글을 쓸 이유가 사라진다. 목표를 달성했기 때문이다. 반대로 목표를 이루지 못할 것 같아도 완벽주의가 발동해서 글쓰기 자체를 포기할 수 있다.

글쓰기는 분명 많은 가치 있는 것을 파생시킨다. 하지만 당신이 어느 타이밍에 글쓰기로 돈을 벌 수 있을지 알 수 없다. 그렇기에 글쓰기 자체를 즐기는 편이 유리하다. 글쓰기는 평생을 갈고 닦을 만한 가치가 있다. 올바른 행위를 꾸준히 할 때 부가가치도 창출된다. 게다가 인간은 누구나 자기표현의 욕구가 있다. 그러니 평생 즐겁게 사용하겠다는 마음이 올바른 접근법이다. 고백하건대 필자 역시 목적 지향성이 매우 강한 사람이어서 처음에 이렇게 생각을 전환하기가 힘들었다. 하지만 반복되는 연습을 통해, 과정에 충실한 것이 낫다는 교훈을 받아들였다.

코미디언 송은이, 김숙은 방송국이 불러줘야만 일을 할 수 있었다. 방송국은 막강한 권한으로 섭외를 할 수 있었고, 발탁되지 않으면 무대에 설 수 없었다. 두 사람은 외부에 끌려다니지 않고, 스스로 주인이 되기 위해서 'VIVO TV'라는 팟캐스트와 유튜브 채널을 만들어 진행하고 있다. 지금은 65만 구독자를 보유하고 있다. 남들이 기회를 줘야만 영향력을 미친다는 것은 슬픈 일이다. 자신에게 선택권이 있어야 인생이 자유로워진다.

글을 쓰는 능력이 있고, 자유롭게 쓰면 '주체성'이 생긴다. 인간에게는 누구나 주체성이 필요하다. 주체성이 없으면 인생은 몇 배로 피곤해진다. 필자가 자주 하는 말이 있다. 자동차를 운전하는 사람은 멀미하지 않는다. 핸들을 두 손으로 붙잡고 통제하기 때문이다. 언제 가속할지 방향 전환을 할지 알고 있다. 운전하면 체력적으로는 힘들지언정 멀미는 하지 않는다. 그럼, 멀미는 누가 할까? 뒷좌석에 앉은 사람이다. 일방적으로 끌려가는 경우 멀미를 한다. 체력 소모는 없지만 정신적인 소모가 있다. 인생에서 주체성은 꼭 필요하다.

글을 쓴다는 건 인생의 주체성을 되찾는 행위다. 평생 즐길만한 최고의 행위다. 회사나 조직을 위한 글이 아닌 오직 당신만을 위한 글을 써보자. 글쓰기로 무언가를 이루려는 목표는 너무 좋다. 하지만 이를 넘어서 글쓰기 자체에서 재미를 느끼고 꾸준히 할 수 있으면 더욱 좋겠다.

반드시 성공하는 글쓰기 철칙을
무의식에 새겨 넣자!

예전 유튜브에서 일본 예능 클립을 본 적이 있다. 자는 프로레슬링 선수에게, 누군가 슬금슬금 다가가 몸을 덮으며 카운팅을 한다. 3! 2! 마지막 1이 끝나기 전에, 잠을 깊이 자던 프로레슬러는 손을 번쩍 들며 몸을 일으킨다. 수천, 수만 번 반복한 동작이 몸에 완전히 익은 것이다. 무의식에서 벌어진 일이었다. 잠에서 깬 레슬러에게 방금 무슨 일이 일어났냐고 물어봤을 때, 비몽사몽으로 정확하게 기억하지 못했다. 의식은 없었지만, 몸이 기억하는 대로 반응한 것이다.

이처럼 한가지 기술을 반복적으로 하면, 나중에는 자동으로 진

돈이 되는 글쓰기

행된다. 신기에 가까운 기술을 반사적으로 해내는 사람들을 보며, 우리는 그들을 '달인'이라고 칭송한다. 정상급 기량을 발휘하는 사람들도 처음에는 서툴던 시절이 있다. EPL 득점왕 손흥민 선수도 어릴 때는 볼을 트래핑하는 연습만 몇 년 동안 했다. 기본기 훈련을 통해 온몸으로 공을 다루는 습관을 DNA에 깊게 새겼다. 뿌리 깊은 나무가 거목이 되듯, 탄탄한 기본기 위에 성과와 성공은 쌓여간다.

글쓰기도 마찬가지다. 원리와 원칙을 배우는 건 상대적으로 쉽다. 필자도 이 책을 집필하기 위해서, 글쓰기 관련 책만 40권 이상 보았다. 그러면서 알게 되었다. 글쓰기 고수들이 주장하는 바는 '유사'하다. 각자만의 독특한 몇 가지 관점을 제외하면, 그들이 강조하는 바는 대동소이했다. 책을 여러 권 볼수록 글쓰기에 대한 확신이 생겨났다. 어차피 핵심은 소수고, 그것을 확실하게 무의식에, 각인시키는 것이 중요했다.

마음의 위로가 되었다. 핵심이 비슷하다면, 무의식에 반복해서 새기고 글쓰기 연습만 계속하면 되기 때문이다. 멋진 인생은 훌륭한 습관이 바탕 되어야 한다. 처음에 올바른 프로세스와 철학을 배웠다고 할지라도, 완전히 자기 것으로 탈바꿈하기까지 시간이 걸린다. 핵심은 누가 무의식에 글쓰기 최적의 프로세스를 탑재하고 습관처럼 쓸 수 있는가이다. 실제로 나는 1년 넘게 1,500자 이상 글을 매일 꾸준히 썼다. 실전에서 글을 계속 쓰면서 노하우가 축적되었다. 단순히 원리만 익힌 게 아니라, 연습하면서 단련됐다.

필자는 국내 최고 최면전문가 박세니 대표님과 일하면서 신비로운 경험을 많이 했다. 사람들이 깊은 최면에 걸리면 어떤 행동을 하는지 본적이 있는가? 상식을 초월한 일들이 벌어진다. 수업 시간에 박세니 대표님은 불특정 다수인 수강생을 대상으로 최면한다. 사람들은 깊게 심호흡하면서 온몸을 이완시킨다. 그러면 몸에 긴장이 풀리면서 의식 작용이 둔화한다.

여러 사람 중에서 피 최면성이 높은 사람들을 선별한다. 간단한 테스트로 알아볼 수 있는데, 피 최면성이란 암시에 더 잘 걸리는 특성을 뜻한다. 그 사람들에게 특정 암시를 반복한다. 예를 들어, "내가 이마에 손을 대면 모든 기억이 사라집니다.", "이마에 손이 접착제로 붙은 것처럼 착 달라붙습니다."라고 암시를 반복해서 한다. 10분쯤 지났을까. 사람들이 서서히 눈을 뜬다. 최면이 되면 사람들은 깊은 이완 상태를 경험한다. 그래서 몸이 개운해지는 느낌을 받는다.

박세니 대표님은 눈을 뜬 수강생들의 이마에 손을 댄다. "이름이 뭔가요?", "…." 수강생은 자신의 이름을 기억하지 못한다. 수강생은 이마에 손을 떼고 나서야 자신의 이름을 기억한다. 어떤 사람은 이마에 손이 붙어서 아무리 떼려고 해도, 떨어지지 않는다. 아마 이 글을 보면서 무슨 뚱딴지같은 소리냐며 의혹을 제시할 수 있다. 나 역시 사기꾼이라고 생각할 수 있다. 나도 맨 처음에 이 장면을 봤을 때 "짜고 치는 고스톱인가?" 의심을 표했던 것 같다. 하지만 정말로 아무 상관 없는 사람들을 대상으로 수없이 최면하는 장면을 보면서 확신이 생겼다.

사람은 무의식에 특정 암시가 들어가면, 그 암시를 받은 대로 살아갈 수밖에 없다. 그러니 남들에게 무작위 암시를 받은 대로 살아갈 것인지, 아니면 자기암시를 통해서 운명의 주인이 될지를 결정해야 한다. 사람의 정신 구조 90%는 무의식이다. 이 무의식에 "나는 할 수 없다.", "나는 불가능하다."라는 생각의 뿌리가 강하게 내리고 있다면, 10% 의식으로 아무리 용을 써도 문제를 해결할 수 없다. 무의식을 바꾸는 효과적인 방법은 반복적인 암시다. 글쓰기를 잘하기 위해서도 무의식을 활용해야 한다.

사람들이 글쓰기를 두려워하고 기피 하는 이유가 정말 많다. 이는 무의식에 탑재되어 있다. 글쓰기에 자신감이 생기기 위해서 는, 무의식에 글쓰기 관련된 올바른 관념을 가지는 게 중요하다. 그래서 무의식에 반드시 새겨 넣어야 하는 글쓰기 원칙만을 따로 정리했다. 설령 다른 내용은 잊더라도, 이것만은 소리 내어 읽으 면서 무의식에 각인시키자. 글쓰기가 쉬워질 것이며 글쓰기 실력 이 꼭 향상될 것이다.

많이 읽을수록 잘 쓸 수 있다.
자주 쓸수록 더 잘 쓰게 된다.
글쓰기는 자료 수집이 80%이다.
독서는 글쓰기의 시작이고, 글쓰기는 독서의 완성이다.
나는 글쓰기를 통해서 사람들의 문제를 해결한다.
나는 돈이 되는 글쓰기를 평생 재미있게 한다.
글쓰기 전에 항상 독자의 심리를 분석하라.
글을 끝까지 읽을 수 있게 동기를 부여하라.
말만 할 수 있다면 누구나 글을 잘 쓸 수 있다.
글을 쓰려고 하면 아이디어가 샘솟는다.
마감 시간 내에 정해진 분량만 채우면 일단 합격이다.

글쓰기 프로세스 5단계 : 주제 선정 → 자료 수집 → 글 디자인 → 집필 → 퇴고

글은 칭찬을 통해서 성장한다.

좋은 사람이 좋은 글을 쓴다.

나의 지식을 독자들에게 아낌없이 퍼주자.

메시지의 질을 유지한 채, 중학생도 이해할 수 있게 간결하게 써라.

글에 군더더기를 제거하라.

초고는 원석이고, 퇴고는 원석을 다듬어 다이아몬드로 만드는 과정이다.

피드백을 듣고 어떻게든 고치면 글은 더욱 좋아진다.

제목에 사활을 걸어라.

글은 공개를 원칙으로 한다.

글은 인격을 반영하지만, 인격 ㅗ 사제는 아니나.

글쓰기의 핵심 무기는 어휘력이다.